U0111709

大展好書　好書大展
品嘗好書　冠群可期

大展好書　好書大展
品嘗好書　冠群可期

武術特輯
65

養生太極推手

黃康輝
　　　編著
李小明

大展出版社有限公司

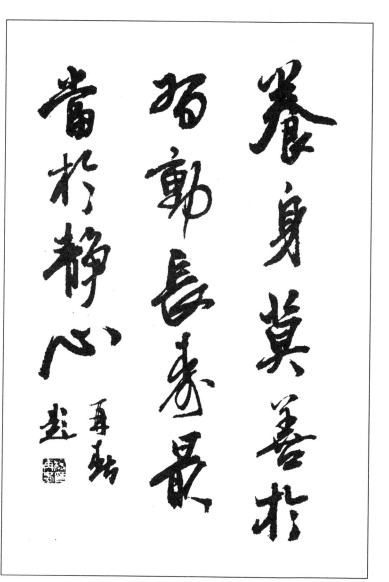

養身莫善於習動
勤動長壽長
當於靜心

北京體育大學出版社社長　書法家
楊再春先生爲本書題詞

目　錄

三、養生太極推手基本功法 ……………… 39

四、養生太極推手基本動作 …………… 53

一、養生太極推手概述

中華武術源遠流長，博大精深，經過幾千年的發展至今，愈來愈受到國內外朋友的喜愛，而作為武術重要拳種的太極拳更倍受人們的青睞。它結合了古代的導引術和吐納術，吸取了古典唯物哲學的陰陽學說和中醫基本理論的經絡學說，成為一種內外兼修的拳術。

太極拳創造人把各種不同的技擊方法綜合吸收在太極拳套路之中，並創造了雙人推手方法，使之能在不用護具設備的情況下練習各種技擊方法，成為訓練周身皮膚觸覺和內體感覺靈敏的一種運動。

百年前由於火器的演進，拳技之勇在戰場上的作用逐漸縮小，促使武術家們重新考慮練習武術的目的和發展方向問題。因此，太極拳家們開始提出了「詳推用意終何在？益壽延年不老春」的主張。顯而易見，這是太極拳開始從技擊轉向保健的啟蒙思想。

（一）養生太極推手的起源

太極拳推手又稱「搭手」或「打手」，是我國傳統武術中一種綜合性的實習技擊方法。自古以來就有踢、打、摔、拿、跌五種分部練習法。摔法只講摔，不講打，幾千年來一

直獨立發展；其它四種雖也綜合鍛鍊，但仍各具特色。

　　陳王廷創立的推手方法，以「纏繞黏隨」為中心內容，練習皮膚觸覺和內體感覺的靈敏性，綜合了擒、拿、跌、擲、打等競技技巧，而又有所發展。

　　譬如拿法，它不限於專拿人的關節，而是著重於拿人的勁路，這就比一般拿法技巧高超。陳式推手方法，在當時有很高的技擊性，因此，對發展體力、耐力、速度、靈敏和技巧都具有相當大的價值。但是，由於跌法的傷害性較大，他只採用了跌法中的管腳法。

　　推手方法的出現，解決了實習技擊時的場地、護具和特製服裝等問題，成為隨時隨地兩人可以搭手練習的競技運動，因而倍受人們喜愛。

（二）養生太極推手的發展

　　一切事物總是隨著時間、地點和條件的不同而變化著的。隨著時代的進展，陳王廷所創造的太極推手，既有繼承傳統的一面，也有創造發展的一面。

　　陳王廷創造的推手方法，是綜合了擒法、拿法、跌法和擲打（放勁）法的競技運動，技擊性很強。推手時，雙方兩臂互相黏貼纏繞而推，前腿也在黏化，並且在引進消化的時候，後腿屈膝下蹲，前腿足尖蹺起，腿肚著地，彼此一進一退，隨勢起落，腰腿必須柔活有力，運動量極大，非一般人能鍛鍊。

　　並且由於擒法、拿法、跌法、擲打法的兼併使用，容易使人感到創疼，因此，在普及推廣上受到了一定的限制。

新創各種架式的推手方法，都逐漸改為不跌、不管腳和不下蹲及底的推手法。在擒拿法方面，僅主張拿住對方的勁路，而不許採用按脈截脈的擒法和反筋背骨的拿法。新的推手方法，著重練習皮膚觸覺和內體感覺靈敏的沾連黏隨，並乘勢借力而放勁的一面，使人練習時感到興趣盎然，並可在避免傷痛的條件下分勝負，因此，為很多人所喜愛。

推手方法發展到目前，可以分別應用於醫療、運動競賽和技擊三個方面。1980年，沙國政先生創編出版了《太極拳對練》一書。1993年中國武術協會、亞洲武術聯合會審定並出版了《太極拳推手對練套路》一書，這些書的出版為太極推手的發展掀開了新的篇章。

養生太極推手是在太極推手的基礎上發展起來的。它保留了推手中的掤、捋、擠、按、採、挒、肘、靠八種勁法，規定不許壓迫對方，不牽動對方重心。並結合了中醫的經絡學說和推拿手法，運用傳統陰陽五行轉化的原理，以人體經絡走向，隨動作的陰陽變化、虛實轉換、起落翻轉、左右運行、上下貫通，以意氣推動肢體運動。

（三）養生太極推手的健身價值

養生太極推手作為醫療保健的體育運動，與中國醫學在思想原則上有許多共同性。養生太極推手根植於中醫對人體生理的基本認識，以及現代經絡、按摩學說。長期堅持推手鍛鍊，不僅能夠祛病除疾、延年益壽，獲得醫藥所不能達到的效果，而且能夠提升健康水準，使鍛鍊者具有充沛的精力和樂觀的精神。

1.經　絡

　　經絡是人體內氣血運行的路徑。人體內每個臟腑都有經絡相連，而經絡線上又有一定穴位分布，聯繫內臟及全身各個組織器官。因此，經絡使人體內外、上下、左右、前後互相貫通，形成了一個有機的整體。氣血透過經絡向全身輸送營養，為全身各個組織器官提供正常生理活動的物質基礎；而全身又透過經絡調節並維持機能的相對平衡。

　　經絡有十二經脈、奇經八脈和十五絡脈。（圖 1-1～13）

　　（1）十二經脈

　　即手足三陽經和手足三陰經，直接與臟腑相連。

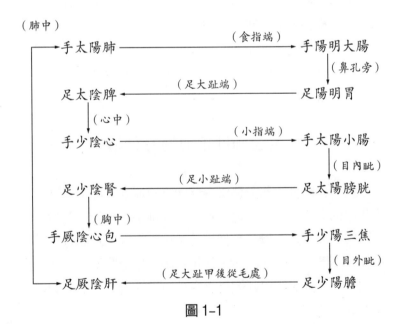

圖 1-1

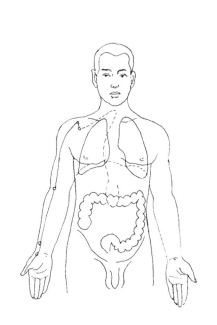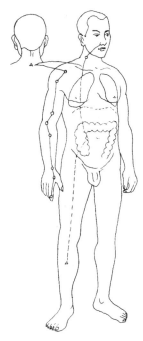

圖 1-2　手太陰肺經
　　　　分布示意圖

圖 1-3　手陽明大腸經
　　　　分布示意圖

（２）奇經八脈

即任、督、沖、帶、陽蹻、陰蹻、陽維、陰維，與腦、
髓、骨、脈、膽、子宮有關。

（３）十五絡脈

即十二經脈與任、督二脈所分出的絡脈，加上脾之大絡
的合稱，有聯繫並調節臟腑表裡的作用。

人體穴位有經穴與奇穴之分。經穴 361 個，與十二經脈
和任、督二脈有關。奇穴 200 多個，遍布全身。經絡對人體
穴位起聯繫和溝通的作用。

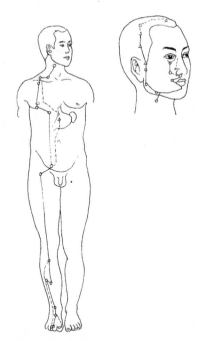

圖1-4　足陽明胃經分布示意圖

　　在上述經絡中，由於任脈和督脈居於十分重要的位置，有時將它們與十二經脈合稱為十四經，被認為是人體氣血的主要通道。任脈和督脈經過人體中線，有統一全身經脈的作用。

　　督脈為陽經，起於會陰，行於股脊正中，經脖頸至頭頂而結束於上唇內。它依次經過長強（尾椎）、命門（後股中央）、至陽（後胸中央）、大椎（脊椎頂）、啞門（後脖中央）、風府（後顱尖）、百會（頂心）、上星（前頂心）、人中（鼻唇中央）等穴位，與神經系統密切相關。

　　任脈為陰經，起於會陰，前行於腹胸正中，經頸部到下

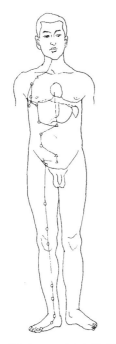

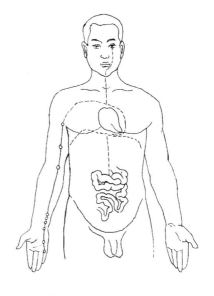

圖1-5　足太陰脾經
　　　　分布示意圖

圖1-6　手少陰心經
　　　　分布示意圖

唇內結束。它依次經過中極（腿根中央）、關元（小腹中央）、氣海（丹田）、神闕（臍中）、中脘（心窩）、鳩尾（肋尖中央）、膻中（兩乳中央）、天突（兩肩中央）、廉泉（咽喉）、承漿（下唇窩）等穴位，與生殖、泌尿、腸、胃有關。

　　手三陰經分別起於前後胸，經上肢內側達到指端，與肺、胃、心、胸和神經系統有關；手三陽經則分別起於指端，經上肢外側而到達鼻唇耳旁，與頭面五官和大小腸、三焦有關；足三陽經分別起於鼻眼兩側，沿下肢外側達到腳趾

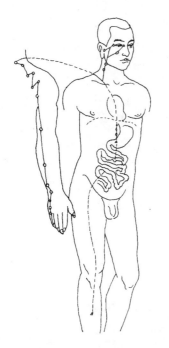
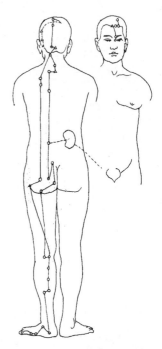

圖1-7　手太陽小腸經　　　圖1-8　足太陽膀胱經
　　　　分布示意圖　　　　　　　　分布示意圖

末端，與胃、膽、膀胱有關；足三陰經則分別起於腳趾端，沿下肢內側而結束於腹胸肋部，與肝、脾、腎有關。

　　經絡使肝開竅於目、腎開竅於耳、脾開竅於口、肺開竅於鼻、心開竅於舌、而腎又開竅於二陰。從而使眼、耳、鼻、舌、口、肛門、尿道等九竅和五臟之間相互聯繫。而肝主筋，腎主骨，脾主四肢，肺主皮毛，心主血脈，使筋骨肌肉、皮毛、血脈直接反映出肝、肺、腎、脾、心的功能狀態。由此可見，人體經絡內聯五臟六腑，外通四肢九竅，使人體成為一個相互關聯的整體。因此，《靈樞》指出：「經

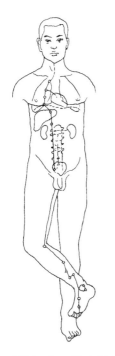
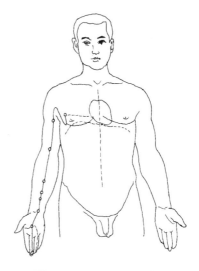

圖1-9　足少陰腎經　　　圖1-10　手厥陰心包經
　　　　分布示意圖　　　　　　　　分布示意圖

脈者，所以能決生死，處百病，調虛實，不可不通」，「夫
十二經脈者，人之所以生，病之所以成，人之所以治，病之
所以起，……」。經常進行軀體、四肢肌肉和筋骨的運動，
可以促進五臟六腑的生理功能，提高代謝、消化、吸收、排
泄、分泌的效果，於健康大有裨益。

2.氣　血

　　氣血是維持人體生命活動的重要物質。它由臟腑產生，
運行於經脈之中，而達到身體四梢，既能營養全身各組織器

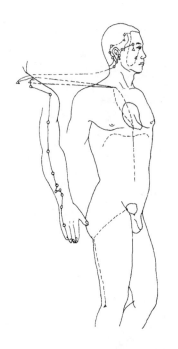 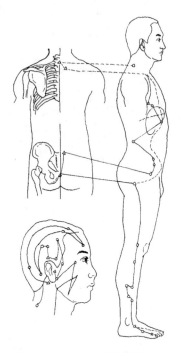

圖 1-11　手少陽三焦經　　圖 1-12　足少陽膽經
　　　　分布示意圖　　　　　　分布示意圖

官，又可調節它們的正常生理活動，因此，氣血對人體健康
和生命活動具有十分重要的意義。

　　氣的含義很廣。呼吸中吐故納新的是氣，而人體正常生
理機能和抗除病邪的能力，中醫也認為是氣。前者是人體不
可或缺的，後者則是臟腹經絡各種機能活動的物質基礎。例
如：胃有胃氣才能消化食物；脾有脾氣才能運化吸收；肺有
肺氣才能進行呼吸；腎有腎氣才能生長發育、新陳代謝和生
殖繁育等等。因此，人體生命要靠氣的正常運行來維持。

　　血指血液，也指營養全身的物質。它來源於飲食，由

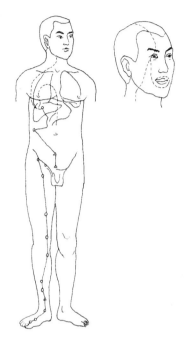

圖1-13　足厥陰肝經分布示意圖

脾、胃的消化吸收而輸送全身，保持五臟六腑的正常活動。

　　陰陽學說是我國古代樸素唯物主義的重要理論。陰陽代表各種事物之間相互矛盾、相互制約又相互依存的對立統一關係。根據這種認識，中醫將精、氣、神看成是人體之寶，是性命之根本，從而要求經常地進行鍛鍊，「積精全神」，以達到預防疾病、保持健康的目的。

　　應該指出，人體結構，不管是這樣分類還是那樣描述，它的所有組成部分都服從於生命過程。人體中每一個系統都與其它系統配合成為高度協調又相互制約的矛盾統一體，並與周圍環境相適應。這是千百年來中醫在實踐的基礎

上取得的認識，它貫穿於養生太極推手之中，也是養生太極推手有益於健身的理論基礎。

3.養　生

養生太極推手要求練習者在意識的導引下，雙方動作與呼吸結合起來，用意不用力，氣宜鼓蕩，虛實分清，開合有致。實際上是要意念鬆靜平合，統率全身，在腹式橫隔膜運動中，使呼吸緩細深長，以加強吐故納新，增加氧的供給量並鍛鍊臟腑。同時，又在四肢腰腿的進退盤旋、圓直往復的運動中，靈活關節，舒展筋骨，暢通血脈，進而達到人體內外的完整鍛鍊。

這也就是繼承我國古代的導引與吐納，綜合養生與運動，使動靜結合而突出意念，加強神經系統的調控，配合呼吸和肢體運動，提高新陳代謝能力，從而對人體進行全面的鍛鍊、扶正祛邪，獲取保健效果。

整個養生太極推手套路都貫穿著這種保健原則。它在整套的練習過程中，要求虛領頂勁、尾閭中正、含胸拔背、吊襠裹臀、沉肩墜肘、腕隨掌轉、虛實分明、氣沉丹田和內勁運轉，而所有這些要領都是以意而言，都是在意念統率下進行的。沉肩墜肘與腕隨掌轉是上肢運動，手與手三陰經、手三陽經有直接的關係，對它們做的旋轉伸屈，不僅靈活肌肉關節，也有益於肺、胃、心和神經系統。

這些推手的要領，都要由意而動，動靜轉換，加強神經系統的鍛鍊。其實下肢在支撐身體重心虛實轉化中鍛鍊足三陰經和足三陽經，而有益於胃，膽、膀胱和肝、脾、腎。所以，上下肢與軀幹的運動在意念的統率下協調完整，使足三

陰經、足三陽經與手三陰經與手三陽經相互配合，在兩人推手過程中，既有節奏，又能貫穿，靜如山岳，動如長江大河，渾然一體。

總之，養生太極推手既能養生保健，又可以陶冶性情，還可以改善體質，增進健康，延年益壽。

（四）如何學練養生太極推手

1. 學習養生太極推手，首先要學習太極推手的基本手型手法和步型步法，掌握其運動規律，為以後的學習打下基礎。

2. 練習養生太極推手之前，應先練習舒筋活血功，使身體得到充分的預熱，這樣在練推手時，旋轉屈伸才能靈活自如。

3. 在練習養生太極推手起收勢之前，雙方互行「抱拳禮」，以表示雙方相互尊重，並同意與對方配合練習。

4. 養生太極推手套路熟練掌握後，可配音樂練習。

5. 學練養生太極推手，嚴禁嗜煙酗酒。注意身體衛生，有傳染病者不宜推手。

二、養生太極推手
基本動作規格

（一）手型基本規格

1. 立　掌

手指自然伸直，五指併攏，坐腕指尖向上，掌心微內含。（圖2-1）

2. 仰　掌

手心向上或斜向上。（圖2-2）

圖2-1　　　　　　　　圖2-2

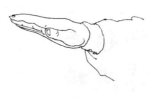

圖 2-3　　　　　　　　　　圖 2-4

3. 俯　掌

手心向下或斜向下。（圖 2-3）

4. 刁　手

拇指和食指捏攏，其餘三指自然屈於掌心，屈腕。（圖2-4）

（二）手法基本規格

1. 單按掌手法規格

（1）預備勢，併步直立。左腳提起，向左平行開步，兩腳間距與肩同寬，兩手臂前平舉至肩高，同肩寬，掌心向下，兩眼平視前方。（圖2-5）

（2）兩臂鬆肩鬆肘，兩掌下按至胯前，同時屈膝下蹲，上體保持中正，鬆腰斂臀，呼吸自然，氣沉丹田。（圖2-6）

（3）左大臂不動，左手向上抬至左肩前，掌指向上，掌心向前。（圖2-7）

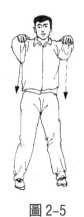

圖 2-5　　　　　　圖 2-6　　　　　　圖 2-7

圖 2-8　　　　　　圖 2-9　　　　　　圖 2-10

（4）身體不動，左手向前平推。（圖 2-8）

　（5）左手下按至胯前，同時右手向上抬起，屈於右肩前，掌指向上，掌心向前。（圖 2-9）

　（6）身體不動，右手向前平推。（圖 2-10）

圖 2-11   圖 2-12   圖 2-13

2. 雙按掌手法規格

（1）預備勢，併步直立。左腳提起向左平行開步同肩寬，兩手臂前平舉至肩高，同肩寬，掌心向下，兩眼平視前方。（圖 2-11）

（2）兩腿屈膝下蹲，同時兩手臂屈肘於胸前，掌指向上，掌心向前。（圖 2-12）

（3）兩手下落至腹前，同時含胸拔背，掌型不變。（圖 2-13）

（4）兩手向前上方推按，同胸高，坐腕，立掌，掌指自然伸直向上，掌心向前。（圖 2-14）

3. 採刁手法規格

（1）預備勢，併步直立。左腳提起向左平行開步同肩寬，兩手臂前平舉至肩高，與肩同寬，掌指向前，掌心向上。（圖 2-15）

圖 2-14　　　　　圖 2-15　　　　　圖 2-16

圖 2-17　　　　　圖 2-18　　　　　圖 2-19

　（2）兩臂屈肘，兩手向下按至胯側，同時兩腿屈膝下蹲，目視前方。（圖 2-16）

　（3）左手外旋向右 45 度伸手，與肩同高，身體右轉，掌心向上，掌指向前。（圖 2-17）

　（4）屈指，屈腕內旋，向左採，屈肘至左身側成勾手，身體隨之向左轉正。（圖 2-18）

　（5）左手放鬆，向下落至胯側，成馬步雙按勢，掌心均向下，掌指向前，目視前方。（圖 2-19）

圖 2-20　　　　　圖 2-21　　　　　圖 2-22

（6）右手外旋向左45度伸手，與肩同高，身體右轉，掌心向上，掌指向前。（圖2-20）

（7）屈指，屈腕內旋，向右採，屈肘至右耳側成勾手，身體隨之向右轉正。（圖2-21）

4. 掛掌手法規格

（1）預備勢，併步直立。左腳提起向左平行開步，與肩同寬，兩手前平舉至肩高，同肩寬，掌指向前，掌心向下。（圖2-22）

（2）兩臂屈肘，兩手向下按至胯側，同時兩腿屈膝下蹲，目視前方。（圖2-23）

（3）左臂屈肘，右手抬起至左肩前，內旋，掌心斜向外，掌指向上，目視左前方。（圖2-24）

（4）左手外旋向左，向下弧線掛至腹前，掌心斜向上，目視左前方。（圖2-25）

（5）左手內旋收至胯側，掌心向下，成馬步雙按勢。

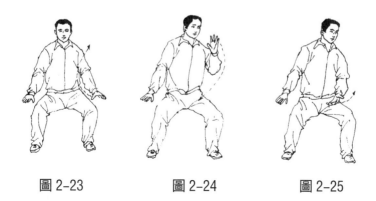

圖 2-23　　　　　圖 2-24　　　　　圖 2-25

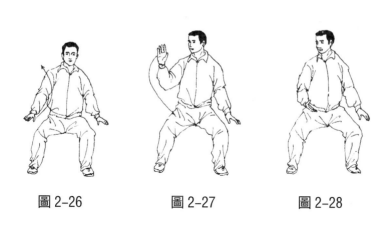

圖 2-26　　　　　圖 2-27　　　　　圖 2-28

（圖 2-26）

（6）右臂屈肘，右手抬起至右肩前，內旋，掌心斜向外，掌指向上，目視右前方。（圖 2-27）

（7）右手外旋向右、向下弧線掛至腹前，掌心斜向上。（圖 2-28）

圖 2-29

圖 2-30

（三）步型的基本規格

1. 弓　步

左腳（或右腳）向前一大步（約為腳長的 4～5 倍），前腳尖微內扣，左腿（或右腿）屈膝前弓（大腿接近水平，膝關節不超過腳尖。右腿（或左腿）伸直，腳尖內扣（斜向前），兩腳全腳掌著地。上體正對前方，眼向前平視，兩手握拳抱於腰間。弓左腿為左弓步；弓右腿為右弓步。（圖 2-29、30）

2. 馬　步

兩腳平行開立（約為腳長的 3 倍），腳尖正對前方，屈膝下蹲，膝關節不超過腳尖，大腿接近水平，全腳掌著地，身體重心落於兩腿之間，兩手握拳抱於腰間，身體保持中正，目視前方。（圖 2-31）

3. 仆　步

兩腳左右開立，右腿（或左腿）屈膝全蹲，臀部接近小

圖 2-31

圖 3-32

圖 2-33

圖 2-34

腿，右腳（或左腳）尖和膝關節外展，左腿（或右腿）挺直平仆，腳尖內扣，兩腳全腳掌著地，兩手握拳抱於腰間。仆左腿為左仆步；仆右腿為右仆步。（圖 2-32、33）

4. 虛　步

兩腳左右開立，右腳尖外擺 45 度，屈膝半蹲，身體重心移於右腿，左腳跟抬起，腳尖著地，膝微屈，兩手握拳抱於腰間，眼平視前方。左腳在前為左虛步，右腳在前為右虛步。（圖 2-34）

圖 2-35　　　　　　　圖 2-36　　　　　　　圖 2-37

5. 歇　步

（1）兩手握拳抱於腰間，兩腳左右開立，目視前方。（圖 2-35）

（2）左腳提起，向右腳右側叉步，步尖著地，身體微左轉，頭向右轉，眼看右前方。（圖 2-36）

（3）兩腿屈膝下蹲，左膝盤於右腿後側，左大腿後側與小腿貼緊，臀部坐在小腿和腳跟上。（圖 2-37）

（4）與第（2）動相同，唯方向左右相反。（圖 2-38）

（5）與第（3）動相同，唯方向左右相反。（圖 2-39）

（四）步法的基本規格

1. 進　步

（1）預備勢，兩腳併攏直立。頭正，項直，下額微內

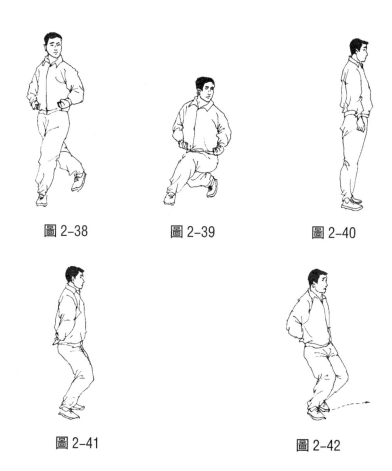

圖 2-38　　　　　　圖 2-39　　　　　　圖 2-40

圖 2-41　　　　　　　　　圖 2-42

收，兩臂鬆垂體側，兩手輕貼大腿外側，兩眼平視。（圖 2-40）

（2）兩手內旋屈肘向後，兩掌背貼在兩腎俞穴上，掌心向後，同時兩腳開立，與肩同寬；隨之屈膝下蹲，斂臀收腹。氣沉丹田，呼吸自然。（圖 2-41）

（3）右腳尖外擺 45 度，身體隨之右轉，胸向右前方。左腳提起收至右腳內側，腳尖點地。（圖 2-42）

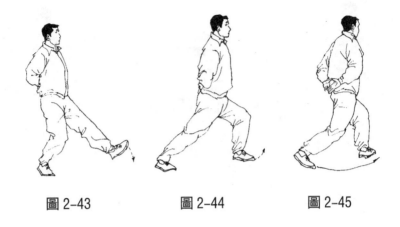

圖 2-43　　　　　圖 2-44　　　　　圖 2-45

（4）左腳提起向左前方緩慢出腳，腳跟著地，身體重心在右腿，身體不轉，襠胯鬆圓，右膝微外展，與右腳尖垂直。（圖2-43）

（5）左腳尖微內扣，向正前方落實，隨之左腿屈膝前弓，身體左轉，重心前移，右腳跟外展，右腿蹬直。胸向正前方。（圖2-44）

（6）右腿屈膝，重心稍後移，左腳尖外擺，身體左轉，右腳跟外擺抬起，前腳掌著地。胸向左前方。（圖2-45）

（7）左腿屈膝前弓，左胯放鬆稍下沉，身體重心前移，同時右腳蹬地提起，收至左腳內側，腳尖點地。（圖2-46）

（8）右腳提起向右前方緩慢出腳，腳跟著地，身體重心在左腿，身體不轉，襠胯鬆圓，左膝微外展，與左腳尖垂直。（圖2-47）

（9）右腳尖微內扣，向正前方落實，隨之右腿屈膝前

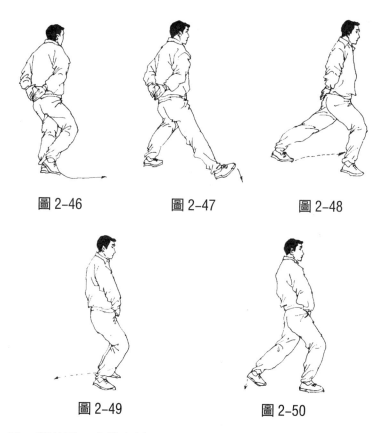

圖 2-46　　　　　　圖 2-47　　　　　　圖 2-48

圖 2-49　　　　　　　　圖 2-50

弓；隨前弓，身體右轉；重心前移；左腳跟外展左腿蹬直。
胸向正前方。（圖 2-48）

2. 退　步

　　（1）預備勢，兩腳開立，與肩同寬，兩手疊於腹前，
（男士左手在內，女士右手在內），兩腿屈膝下蹲，鬆腰鬆
胯。身體重心移至右腿，提起左腳向後撤步，腳尖點地。
（圖 2-49、50）

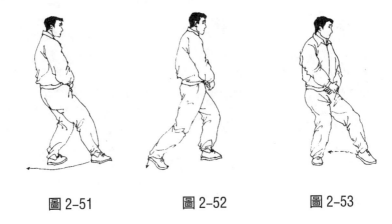

圖 2-51　　　　　圖 2-52　　　　　圖 2-53

（2）左腳跟微內扣，落地踏實，並屈膝，身體稍左轉，重心後移至左腿。隨之右腳跟抬起稍外展，前腳掌著地，成左虛步。（圖 2-51）

（3）鬆胯，提右腳向後落步，腳尖著地，腳跟內扣，屈膝，鬆胯，重心後移至右腿，身體微右轉，右腳跟抬起外擺，前腳掌著地，成右虛步。（圖 2-52、53）

3. 五行步

（1）預備勢，併步直立。提起左腳向左平行開步與肩同寬，兩手內旋屈肘背至腰後，兩掌背貼在兩腎上，同時兩腿屈膝下蹲，鬆腰斂臀，兩眼平視。（圖 2-54）

（2）右腳尖外擺，身體右轉，胸向右前方，提起左腳向左前方 45 度出腳，腳跟著地。前腳掌落地踏實，隨之屈膝前弓，身體微左轉，胸向正前方，同時右腳跟外展蹬腿。（圖 2-55、56）

（3）左腳尖外擺，重心前移至左腿；右腳提起經左腳

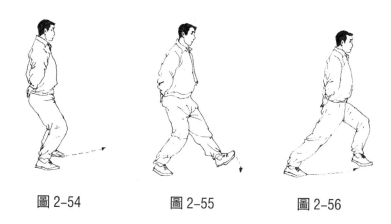

圖 2-54　　　　　　圖 2-55　　　　　　圖 2-56

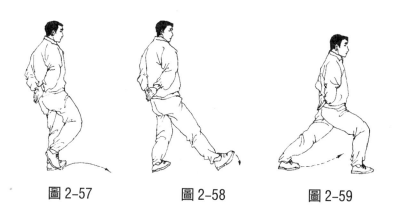

圖 2-57　　　　　　圖 2-58　　　　　　圖 2-59

內側向右前方 45 度出腳，腳跟著地。前腳掌落地踏實，隨
之屈膝前弓，身體微右轉，左腳跟外擺蹬腿。胸向正前方。
（圖 2-57、58、59）

圖 2-60

（4）身體重心前移至右腿，左腳提起向前上步，成馬
步。（圖 2-60）

五行步要走五個點。兩個馬步和兩個弓步落點形成五
點。

三、養生太極推手基本功法

（一）養生太極樁

1.無極樁

兩腳併攏，身體直立，頭正懸頂，下頜微收，豎項，兩肩鬆沉，兩臂自然下垂，兩手輕貼大腿外側。鬆腰斂臀，兩膝微屈，腳趾微微抓地。呼吸自然平緩，氣沉丹田。兩眼平視。（圖3-1）

2.太極樁

在無極樁的基礎上，再練習太極樁。左腳提起向左平行開步，與肩同寬，兩手內旋前平舉至肩高，與肩同寬，兩手下按。同時兩臂屈肘，兩腿屈膝下蹲，兩手按至胸前，外旋前掤，環抱於胸前，掌心向內，掌指相對。沉肩垂肘，鬆腰鬆胯，精神內收，意守丹田。呼吸自然平緩。（圖3-2、3、4）

圖 3-1

| 圖 3-2 | 圖 3-3 | 圖 3-4 |

3. 開合椿

　　在太極椿的基礎上，兩手臂做向外的掤開與向內收合的練習。在兩手做開合時，與呼吸配合，兩手開時吸氣，內合時呼氣。初學者練習時呼吸力求自然、平緩暢通。不要憋氣。（圖 3-5、6、7）

4. 升降椿

　　在開合椿的基礎上再練習升降椿。兩腳左右開立，兩手前平舉至肩高，與肩同寬，兩手下按，兩臂屈肘。同時兩腿屈膝下蹲，兩手按至腹前。這為降椿。

　　升椿，兩手向前向上平舉，同時帶動身體向上起，兩腿伸直。兩手臂下按至腹前。同時呼氣，要注意呼氣要平緩。呼氣達到極點後改為吸氣，同時配合動作向上升起。一升一降為一次。（圖 3-8、9、10）

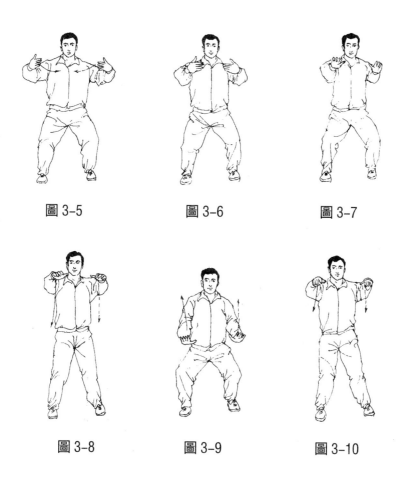

圖 3-5　　　　　　圖 3-6　　　　　　圖 3-7

圖 3-8　　　　　　圖 3-9　　　　　　圖 3-10

5.虛步椿

　（1）在前面四椿的基礎上再練習虛步椿。預備勢，兩
腳併攏直立，左腳提起向左開步，兩腳併攏直立，左腳提起
向左開步，與肩同寬，兩手前平舉至肩高，同肩寬，兩手下
按至胸前，同時屈膝下蹲。兩手外旋掤抱於胸前，成環形，

圖 3-11

圖 3-12

圖 3-13

圖 3-14

掌心向內，掌指相對。兩目平視。（圖3-11、12）

（2）身體重心移向右腿，向左轉體，胸向左前方。左腳跟提起，腳尖點地。兩手微外開，再向內合勁，左手向前伸，右手合於左肘內側。同時左腳提起向左前上步，腳跟著地，腳尖勾起。眼看左手。（圖3-13、14）

（3）身體微右轉，左手內旋向下，兩手按至胸前。左

圖 3-15　　　　　　圖 3-16　　　　　　圖 3-17

腳提起回收成馬步，兩手外旋掤抱於胸前。同時身體右轉，
重心移至左腿，胸向右前方。右腳跟提起，腳尖點地。兩手
微外開，再向內合勁，右手向前伸，左手合於右肘內側，同
時右腳提起向右前上步，腳跟著地，腳尖勾起。目視右手。
（圖 3-15、16、17）

（二）舒筋活血功

舒筋活血功是養生太極推手中的一種單練功法，它是以
頸椎和腰胯及膝關節練習為主的一套功法。頸部為十四經之
通路，全身經絡與頸部都有聯繫，外感內侵則頸項強直，內
傷過重的外現是頸項下垂或後傾。活動頸部可使經絡疏通，
血流旺盛，減少供血不足之疾患。

腰胯旋轉，能對臟腑起到按摩強健作用，促進腸胃蠕
動，增進消化功能，並可強腎。因為，腰為腎之府，腎為先
天之本，腎有病則腰疼，腎氣充足則腰強有力。膝為腿之

圖 3-18　　　　　　　　　　圖 3-19

柱，腿為腎之路。外感侵襲使膝關節疼痛麻木。如果腎虧，則膝關節屈伸不靈。轉膝繞環，可以治外感侵襲引起的膝部腫痛、麻木、屈伸不靈，還可以驅腎邪，起滋腎清熱等作用。

1. 旋首轉項

（1）預備勢，併步直立，頭正懸頂，周身放鬆。兩手內旋微前舉，坐腕，兩手用力向下按。同時頭向後仰，下頜用力向上，形成對拉拔長的勁。（圖 3-18、19）

（2）頭頸放鬆，立正，兩手放鬆下垂，兩手臂微前舉，周身放鬆。兩手坐腕下按，兩手向下用力。頭向前低，頸椎用力向上拔起。兩肩向下鬆沉。這樣一緊一鬆為一次完整動作。（圖 3-20、21）

（3）兩腳左右開立，兩手疊於腹前（男士左手在內，女士相反），頸部放鬆，頭向左、向下、向右、向前繞一周。可如此反覆練習。頸項為十四經脈的通路，全身經絡與

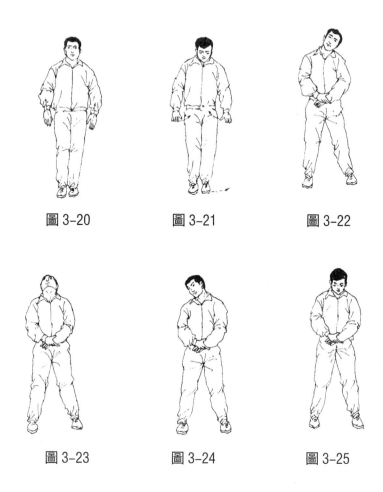

圖 3-20　　　　　　圖 3-21　　　　　　圖 3-22

圖 3-23　　　　　　圖 3-24　　　　　　圖 3-25

頸項都有聯繫，活動頸項可使經絡疏通，血流旺盛，減少供
血不足之疾患。（圖 3-22、23、24、25）

2. 托天柱地

（1）預備勢，兩腳併攏直立，兩手向內在腹前，四指
交叉托於腹前，掌心向上，身體中正，兩腿向前平視。兩手

圖 3-26

圖 3-27

圖 3-28

沿體前向上托至胸前，兩手內旋翻掌向頭上方托至胸前，兩臂盡量伸直。如一柱，立於天地之間。（圖 3-26、27）

（2）腰胯盡量放鬆，上體盡量左轉，使右側腰肌充分拉開。然後鬆腰鬆胯上體右轉，伸拉左側腰肌。（圖 3-28、29）

圖 3-29

（3）身體向左轉正，兩手鬆開向兩側分落，向下至腹前，兩手交叉托至腹前，身體保持中正，兩掌心向上。（圖 3-30、31）

（4）兩手沿體前向上托至胸前，內旋翻掌向頭上方托舉，兩臂盡量伸直。以胯為軸做前屈身，兩手用力向前推。（圖 3-32、33）

（5）兩手繼續向下，按至地面，身體盡量貼近大腿。兩手鬆開，向兩側分沿兩腿外側隨上體起身垂於體側。（圖

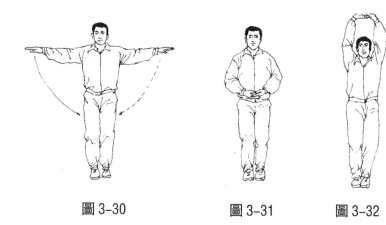

圖 3-30　　　　　　圖 3-31　　　　　　圖 3-32

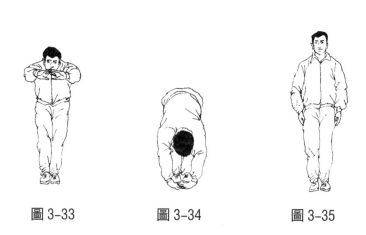

圖 3-33　　　　　　圖 3-34　　　　　　圖 3-35

3-34、35）

　　本動作對頸、腰僵硬，肩、肘、關節及脊柱活動不便及
脊柱側彎等，都有一定療效。

3. 旋轉腰胯

　　（1）預備勢，兩腳左右開立，兩手叉腰，四指在後，

圖 3-36　　　　　圖 3-37　　　　　圖 3-38

拇指在前，掌心按在腎俞穴上。兩手向左側推盆骨，臀部向左、向後、向右畫弧，環繞一周。如此反覆練習。（圖 3-36、37、38、39）

　　本動作能促進腸胃蠕動，增進消化功能，並可強腎。治療腰椎骨質增生效果更為顯著。

4. 左右轉膝

　　預備勢，兩腳併攏直立，身體前屈，兩手分別按在兩膝上，兩手掌的勞宮穴對鶴頂穴。兩腿屈膝，向左、向前、向右、向後繞一圓弧，如此反覆練習。也可向右、向前、向左、向後繞。（圖 3-40、41、42）

　　對外感侵襲引起的膝部腫痛和屈伸不靈等都有療效。

5. 虛步下壓

　　（1）兩腳自然開立，兩手疊於腹，左手在內，右手在外。兩腿屈膝，重心移至右腿，提起左腳向左前方上步，腳

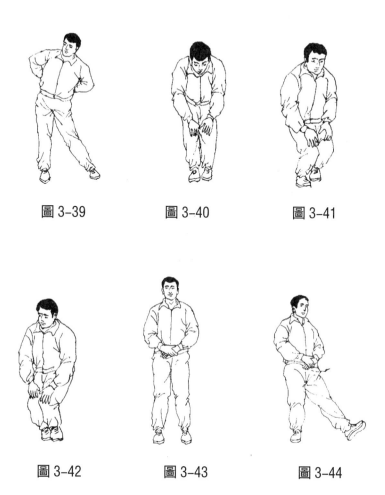

圖 3-39　　　　　圖 3-40　　　　　圖 3-41

圖 3-42　　　　　圖 3-43　　　　　圖 3-44

跟著地，腳尖勾起，同時身體左轉，胸向左前方。（圖3-43、44）

　　（2）兩手外旋至左大腿兩側，掌心向斜前方，掌指向下，沿腿兩側向下至腳兩側。同時身體前俯，眼看兩掌。（圖3-45、46）

圖 3-45　　　　　圖 3-46　　　　　圖 3-47

圖 3-48　　　　　圖 3-49　　　　　圖 3-50

（3）兩手向前上方平托，與肩同高同寬，兩手向內，屈肘，兩手內旋疊至腹前。同時提起左腳落在右腳內側，身體向右轉正，兩膝微屈。（圖 3-47、48）

（4）身體重心移至左腿，提起右腳向右前方上步，腳跟著地，腳尖勾起。同時身體右轉，胸向右前方。兩手外旋至右大腿兩側，掌指向下，掌心向斜前方。（圖 3-49、50）

圖 3-51　　　　　　圖 3-52　　　　　　圖 3-53

（5）兩手沿右大腿兩側向下伸至右腳兩側，同時上體前俯，兩手向前上方托起，與肩同高同寬。然後兩手向內，疊於腹前，同時提右腳併步。如此反覆練習。（圖 3-51、52）

6. 歇步下按

（1）預備勢，兩腳併攏直立。（圖 3-53）

（2）提起左腳向左平行開步，與肩同寬。同時右手外旋向右側舉手，稍高於頭，眼看右手勞宮穴，左手屈臂背於腰間，掌背貼腎盂穴。重心左移，提起右腳向左腳後側叉步，前腳掌著地，兩腿屈膝下蹲，臀部坐在右腳跟上，右手向上畫弧至頭上方，再向下按至左膝上的鶴頂穴上，同時身體向左擰轉。眼看左前方。（圖 3-53、54、55）

（3）與分動（2）動作相同，做另一側，整個動作一氣呵成。（圖 3-56、57、58）

圖 3-54　　　　　圖 3-55　　　　　圖 3-56

圖 3-57　　　　　　　圖 3-58

四、養生太極推手基本動作

（一）單練單推手

1. 平圓單練

（1）預備勢，併步直立。提起左腳向左平行開步至肩寬，掌心向下，掌指向前，兩眼平視。（圖4-1）

（2）兩手屈臂下按，同時兩腿屈膝下蹲，成馬步雙按，兩手在兩胯側，掌心向下，掌指向前。右手屈臂抬起至右肩前，掌心向前，掌指向上，目視前方。（圖4-2、3）

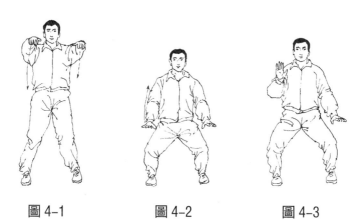

圖4-1　　　　圖4-2　　　　圖4-3

圖 4-4

圖 4-5

圖 4-6

（3）右手坐腕立掌向胸前平推，同肩高，鬆肩沉肘。右手外旋前掤，身體微左轉，掌心向內，掌指向左，臂成弧形，同胸高。（圖 4-4、5）

（4）右手屈肘回掤至胸前，掌形不變，身體轉正。隨之右手內旋沉肘，將肘收至右肘側，手至右肩前，掌心向前，掌指向上。（圖 4-6、7）

圖 4-7

（5）右手向下按至胯側，隨之左手屈臂抬起至左肩前，掌心向前，掌指向上，然後坐腕立掌向胸前平推，同肩高，沉肩垂肘，掌心向前，掌指向上，目視前方。（圖 4-8、9）

（6）左手外旋前掤，身體微右轉，掌心向內，掌指向右，臂成弧形，同胸高，然後屈臂回掤至胸前，掌形不變，身體轉正。隨之左手內旋，沉肘，將肘收至右肋側，手收至左肩前，掌心向前，掌指向上。如此反覆循環練習。（圖

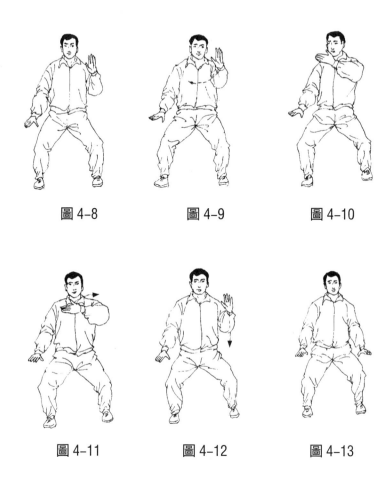

圖 4-8　　　　　　圖 4-9　　　　　　圖 4-10

圖 4-11　　　　　　圖 4-12　　　　　　圖 4-13

4-10、11、12）

2. 立圓單練

（1）預備勢，兩腳左右開立同肩寬，兩腿屈膝下蹲，兩手隨之按至胯側，掌心向下，掌指向前，兩眼平視。（圖4-13）

圖 4-14　　　　　圖 4-15　　　　　圖 4-16

圖 4-17　　　　　圖 4-18　　　　　圖 4-19

（2）右大臂放鬆不動，右手屈臂抬起至右肩前，掌心向前，掌指向上。接著右手向左前方伸手，以手代臂將臂伸直，沉肩垂肘，隨之直臂下落，同腹高，掌心向下，掌指向前，眼看右手。（圖4-14、15、16）

（3）右手向後将至胯側，同時左大臂放鬆不動，左手屈臂抬起至左肩前，掌心向前，掌指向上，然後左手向左前

圖 4-20　　　　　圖 4-21　　　　　圖 4-22

方伸手，以手代臂向前伸直，沉肩垂肘。接著直臂下落，同
腹高，掌心向下，掌指向前，眼看左手。（圖 4-17、18、
19）

3. 折疊單練

（1）預備勢，兩腳左右開立同肩寬，兩腿屈膝下蹲，
兩手隨之按至胯側，掌心向下，掌指向前，兩眼平視。（圖
4-20）

（2）右臂屈肘，右手內旋向上提至右肩前，掌心向
下，掌指向前。（圖 4-21）

（3）用右指尖向左前下方插掌，身體微左轉，掌心向
下，掌指向前下方。（圖 4-22）

（4）右臂沉肘，右手外旋反掌，掌心向上，掌指向
上，眼看右手。（圖 4-23）

（5）右手向右胯側沉落，身體隨之轉正，掌心向上，
掌指向前。（圖 4-24）

圖 4-23　　　　　　圖 4-24　　　　　　圖 4-25

圖 4-26　　　　　　　　　圖 4-27

　（6）右手內旋按至胯側，同時左臂屈肘，左手內旋向
上提至左肩前，掌心向下，掌指向前。（圖4-25）

　（7）用左手指尖向右前下方插掌，身體微右轉，掌心
向下，掌指向前下方，眼看左手。（圖4-26）

　（8）左臂沉肘，左手外旋翻掌，掌心向上，掌指向
上，然後再向下沉落左胯。如此反覆練習。（圖4-27）

圖 4-28   圖 4-29

（二）單推手對練

1. 馬步掛掌

（1）甲乙相對站立，距離以一方握拳前平舉，拳面接觸為準。甲提左腳，乙提右腳，向同側開步至肩寬，隨之兩腿屈膝下蹲。同時兩手按至胯側，掌心均向下，掌指均向前，眼看對方，呼吸平緩自然。（圖4-28）

（2）左手提起向甲右胸推按，坐腕立掌，意想左手掌心；甲右大臂不動，右手屈臂抬起，在乙左手腕內側相貼；甲用右手腕外側的陽谷穴和養老穴與乙左手腕內側的列缺穴相貼，掌心向前，掌指向上，眼看兩手。（圖4-29）

（3）乙左臂稍用力；甲右手指向外用腕骨和陽谷穴滾壓乙的列缺穴向外，同時向右、向下掛掌至腹前，眼看兩手。（圖4-30）

圖 4-30

圖 4-31

（4）乙右手抬起向甲左胸推按，坐腕立掌，意想右手掌心；甲左大臂不動，左手屈臂抬起，在乙右手腕內側相貼，用左手腕外側的陽谷穴和養老穴與乙右手腕內側的列缺穴相貼，掌心向前，掌指向上。（圖 4-31）

圖 4-32

（5）甲右手鬆開落至胯側，乙左手回落胯側，右臂稍用力；甲左手指向外用腕骨和陽谷穴滾壓乙的列缺穴向外，同時向右、向下掛掌至腹前，眼看兩手。（圖 4-32）

2. 馬步平圓單推手

（1）甲乙相對站立，距離以一方握拳前平舉，拳面按觸對方身體為準。甲提左腳，乙提右腳，向同側開步，與肩

圖 4-33

圖 4-34

同寬，隨之兩腿屈膝下蹲，兩手按至胯側。然後甲乙右手提起至胸前交叉相搭，兩手腕外側的陽谷和腕骨穴相貼，眼看對方。（圖4-33）

（2）甲右手內旋屈臂，向右引至右肩前，坐腕立掌，掌心按在乙右手腕外側的外關穴上；乙右手外旋黏隨甲右手前掤，臂成弧形，掌心向內，意想手背。

圖 4-35

甲乙在兩手運動時，兩手滾動，對手腕上的腕骨和陽谷兩穴產生擠壓，這樣就形成了相應的按摩。（圖4-34）

（3）甲右手向乙胸前推按；乙右手屈臂回掤至胸前、沉肘，手內旋向右引至右肩前，坐腕立掌，掌心按在甲右手腕外側的外關穴上；同時甲右手外旋黏隨乙右手前掤，臂成弧形，身體微左轉，掌心向內，意想手背。（圖4-35、

圖 4-36

圖 4-37

圖 4-38

圖 4-39

36）

（4）動作同（3），唯甲乙互換攻防位置。（圖 4-37、38）

（5）甲右手指向下滾壓，同時向下採按乙手至腹前；乙隨甲採勢下落。甲乙左手提起在胸前交叉，手腕外側的陽谷和腕骨穴相貼。（圖 4-39）

圖 4-40

圖 4-41

圖 4-42

圖 4-43

（6）動作同（2），唯方向左右相反。（圖 4-40）

（7）動作同（3），唯方向左右相反。（圖 4-41、42）

（8）動作同（4），唯方向左右相反。（圖 4-43、44）

3. 馬步立圓單推手

（1）甲乙相對站立，距離以一方握拳前平舉，拳面接

圖 4-44

圖 4-45

觸對方身體為準。甲提左腳，乙提右腳，向同側開步，與肩同寬，隨之兩腿屈膝下蹲，兩手按至胯側。然後甲乙右手提起至胸前交叉相搭，兩手腕外側的陽谷和腕骨穴相貼。眼看對方。（圖4-45）

（2）甲右手內旋向乙面部伸插，掌心向下，掌指向前；同時乙右臂屈肘，右手向右耳側引化，身體微右轉；隨之甲身體微左轉伸臂；同時甲乙兩手外側的陽谷和腕骨穴相互滾壓。（圖4-46）

（3）乙右手內旋向外滾切甲右手腕，扶按在手腕上；用掌根按在甲腕上的陽池穴上，沿體側向下按至胯前；甲順乙勢向下隨至乙右胯前，眼看右手。（圖4-47）

（4）乙右手推按甲右手腕向甲腹部推按；甲順乙勢，右手向右

圖 4-46

圖 4-47

圖 4-48

圖 4-49

圖 4-50

胯前引化，身體微右轉；同時乙身體微左轉，眼看右手。
（圖4-48）

　　（5）甲右臂屈肘，右手沿體側上提至右耳側；乙順甲
勢，沿甲體側向上隨至甲右耳側，眼看右手。（圖4-49）

　　（6）甲右手內旋向外滾切乙右手腕，屈指握乙手腕向
下採至腹前。同時甲乙左手抬起前伸，在胸前交叉相搭，兩
手外側的陽谷穴和腕骨穴相貼，眼看對方。（圖4-50）

圖 4-51

圖 4-52

圖 4-53

圖 4-54

（7）重複（2）～（5）動作，唯方向左右相反。（圖 4-50～54）

4. 馬步折疊單推手

（1）甲乙相對站立，距離以一方握拳前平舉，拳面接觸對方身體為準。甲提左腳，乙提右腳向同側開步，與肩同寬，隨之兩腿屈膝下蹲，兩手按至胯側。然後甲乙右手提起

圖 4-55

圖 4-56

至胸前交叉相搭，兩手腕外側的陽谷穴和腕骨穴相貼。眼看對方。（圖4-55）

（2）甲右手內旋向乙腹部伸插。乙右手外旋用掌背壓甲掌背，同時向右胯側引化，身體稍右轉；甲身體微左轉，甲乙兩手背的中諸穴相互擠壓。（圖4-56）

圖 4-57

（3）乙右手內旋，帶甲手向右、向上畫弧至肩前，屈肘；同時甲順乙勢，右手外旋黏乙手至乙右肩前，掌心向上，沉肩垂肘，眼看右手。（圖4-57）

（4）乙右手向甲腹部伸插；甲右手向下、向右胯引化乙手，身體稍右轉；乙身體微左轉，掌心向下，掌指向前。（圖4-58）

圖 4-58

圖 4-59

（5）甲右手內旋，帶乙手向右、向上畫弧至右肩前，掌心反向下，屈肘；同時乙順甲勢，右手外旋向上至甲右肩前，掌心反向上，眼看右手。（圖 4-59）

圖 4-60

（6）乙右手向下沉壓甲右手至腹前；甲隨乙勢，向下落至腹前。同時甲乙左手抬起前伸，在胸前交叉相搭，兩手外側相貼。（圖 4-60）

（7）重複（2）～（5）動作，唯方向左右相反。（圖 4-61～64）

圖 4-61

圖 4-62

圖 4-63

圖 4-64

（三）活步雙推手

1. 合步四正手

（1）雙掤勢　甲乙相對站立，距離以雙方握拳前平舉，拳面接觸為準。甲乙左腳尖外擺 45 度，提起右腳向前

| 圖 4-65 | 圖 4-66 |

上步，兩腳內側相對。同時右手前伸相搭，兩手背相貼，左
手抬起按在對方右肘部，右腿屈膝前弓，形成雙掤勢。眼看
對方。兩手背相貼後，微用力前掤使中諸穴相互擠壓，同時
左手按曲池穴。（圖4-65）

　　（2）**甲掤乙捋勢**　甲右腿繼續前弓，右手微外旋前
掤，臂成弧形；乙右手內旋在甲手背上滾壓，隨之兩手向右
捋，同時左腿屈膝，重心後移，身體微右轉。（圖4-66）

　　（3）**甲擠乙按勢**　甲右臂屈肘，身體微右轉，用右
小臂擠乙胸部，左手鬆開，扶至右肘內側，與乙左手相接；
乙身體微左轉，兩手扶甲右臂向下，向前推按，同時右腿屈
膝前弓；甲隨乙按勢，重心後移至左腿，左腿屈膝。（圖
4-67、68）

　　（4）**甲捋乙掤勢**　甲右手向下，外旋向右、向上扶
按乙左肘部；同時乙左手外旋前掤。甲隨乙掤勢，左手內
旋，兩手向左捋乙左臂，身體微左轉。（圖4-69）

　　（5）**甲按乙擠勢**　乙左臂屈肘，身體微左轉，用左

圖 4-67

圖 4-68

圖 4-69

圖 4-70

小臂平擠甲胸部，右手鬆開，扶至左肘內側，與乙右手相
接；甲身體微右轉，兩手扶乙左臂向下、向前推按，同時右
腿屈膝前弓；乙隨甲按勢，重心後移至左腿，左腿屈膝。
（圖 4-70、71）

　　（6）**雙掤勢**　乙左手向下，外旋向左貼甲右臂下側滾
出，扶按甲右肘部，右手隨之前掤；同時甲右手外旋向上掤

圖 4-71　　　　　　　　圖 4-72

至胸前，左手按乙右肘部。
甲乙各含掤勁，形成雙掤
勢。（圖 4-72）

2.進三退三雙推手

（1）甲乙相對站立，
距離以雙方握拳前平舉，拳
面接觸為準，甲乙左腳尖外
擺 45 度，提起右腳向前上
步，兩腳內側相對。同時右

圖 73

手外旋前伸，兩手交叉相搭，手背相貼，左手抬起扶按對方
右肘部，右腿屈膝前弓，形成雙掤勢。眼看對方。（圖 4-
73）

（2）甲重心前移，提起左腳；同時乙重心後移，提起
右腳，右手內旋向甲胸部推按，同時右腳向前上步，落在甲
右腳內側，形成按勢；甲順乙勢，右手向左屈臂回掤至胸

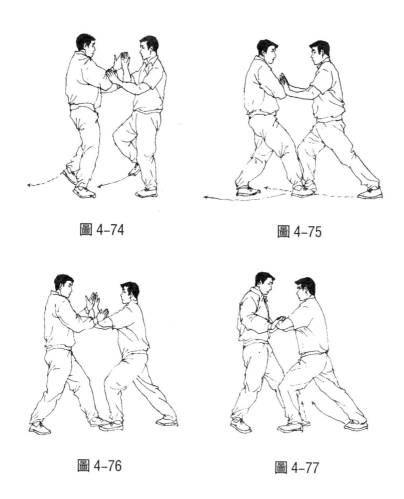

圖 4-74

圖 4-75

圖 4-76

圖 4-77

前，隨之左腳向後落步，左手扶在右肘內側。（圖 4-74、
75）

　　（3）甲右手向下，外旋向右、向上貼乙左臂下側滾
出，扶按乙左肘部，左手內旋向上捋；同時乙提左腳向前上
步；甲提右腳向後退步，左手繼續內旋；乙隨之左臂屈肘向
前擠甲胸。（圖 4-76、77）

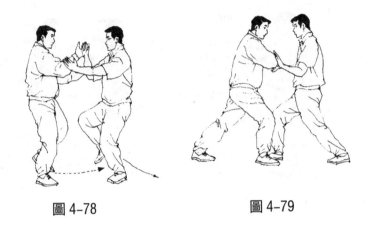

圖 4-78   圖 4-79

　　（4）乙左手向下，外旋向左貼左臂下側向外滾出，扶按在甲右肘部，右手隨之前掤；甲右手外旋掤起，重心後移，提起左腳；同時乙重心前移提起右腳向前上步，落在甲右腳內側，隨之右手內旋扶甲右手腕，向前推按；甲順乙勢，左腳向後落步，左手向左屈臂掤至胸前，左手扶至右肘內側。如此反覆練習，也可甲乙互換練習。（圖 4-78、79）

五、單推手動功八勢

起　勢

1.預備姿勢：甲乙相對站立，併步成立正姿勢，距離以一方兩臂握拳前平舉，拳面接觸對方身體為準，身體中正自然，目視對方。（圖5-1）

2.甲乙雙方互行抱拳禮（右手拳，左手掌），然後還原成立正姿勢。（圖5-2）

3.甲左腳提起向左平行開步，兩腳距離與肩同寬，同時乙右腳提起向右平行開步，兩腳距離與肩同寬。甲乙兩手外

圖5-1

圖5-2

圖5-3　　　　　　　　　　　圖5-4

旋側舉至頭上方，掌心相對。然後兩手繼續外旋，肘下沉，屈抱於額前，掌指向上，掌心向內。隨之兩腿屈膝下蹲，接著兩手內旋下按至胯側，掌心向下，掌指向前。兩目平視對方。（圖5-3）

（一）平推陰陽調心胃

1.第一拍，馬步平圓推

（1）乙用右手向甲胸推按；甲用右手接化乙右手，以兩掌外側接觸為準（俗稱搭手），掌指斜向上，掌心斜向內。甲乙左手按在左胯側不動。（圖5-4）

（2）甲右手內旋向右、向前畫弧平推，按乙右腕至胸前，掌心按在乙右腕外關穴上，掌指向上；同時，乙身體微左轉，右手外旋向前，向左回掤至胸前，掌心向內，掌指向左。（圖5-5）

圖 5-5　　　　　　　圖 5-6

（3）乙身體微右轉，右手內旋，向右引化甲右手至右側前方，掌心按在甲右腕外關穴上，掌指向上；同時，甲身體微左轉，右手外旋前掤，掌心向內，掌指向左。（圖 5-6）

2. 第二拍

（1）乙扶甲臂向甲胸推按；甲屈臂回掤至左胸前，掌心不變。（圖 5-7）

（2）甲身體微右轉，右手內旋，向右側胸前引化乙右手，掌心按在乙右腕外關穴上，掌指向上；乙身體微左轉，右手外旋前掤，掌心向內，掌指向左。（圖 5-8）

圖 5-7

圖 5-8

圖 5-9

3. 第三拍，換手

（1）甲右手向下採按乙右手至腹前；同時，乙隨甲採，下落至腹前。（圖5-9）

（2）甲右手按乙右手，左手向乙胸前推按；乙用左手承接甲左手，兩掌外側相貼，掌指斜向上，雙方

圖 5-10

右手鬆開，按於胯側，掌心向下，掌指向前。（圖5-10）

（3）（圖5-11）與（圖5-5）動作相同，唯方向左右相反。

（4）（圖5-12）與（圖5-6）動作相同，唯方向左右相反。

圖 5-11

圖 5-12

圖 5-13

圖 5-14

4. 第四拍

（1）（圖5-13）與（圖5-7）動作相同，唯方向左右
相反。

（2）（圖5-14）與（圖5-8）動作相同，唯方向左右
相反。

圖 5-15

圖 5-16

5. 第 5 拍，弓步壓穴平推

（1）（圖 5-15）與（圖 5-9）動作相同，唯方向左右相反。

（2）甲乙雙方重心移至左腿，提起右腿向前上步，腳跟著地，腳尖翹起，兩腳內側相對。同時右手向前伸相搭，兩掌外側相貼，掌指斜向上。（圖 5-16）

（3）甲乙左手鬆開下按至胯側。甲右手內旋向右引乙手，掌心按在乙右手腕外側外關穴上，屈指壓於內關穴，向前推按至乙左胸前，手指鬆開，隨之右腿屈膝前弓；乙隨甲勢，右手外旋向左、向內挪至左胸前，掌心向內，掌指向左，重心在左腿。（圖 5-17）

（4）乙身體微右轉。右手內旋向右引甲右手至右胸前，屈肘，掌心按在甲右手腕外側的外關穴上；同時甲身體左轉，右手外旋前挪，掌心向內，掌指向左。（圖 5-18）

圖 5-17

圖 5-18

6. 第六拍

（1）乙右手屈指壓於
甲右腕內側的內關穴，向前
推按至甲左胸前，手指伸
展。右腿隨之屈膝前弓，重
心前移；甲隨乙之按勢，重
心後移至左腿，右手屈臂回
掤至左胸前，掌心向內，掌
指向左。（圖5-19）

圖 5-19

（2）甲身體微右轉。右手內旋向右引乙右手至右胸
前，掌心按在乙右手腕外側的外關穴上；乙隨甲勢，身體微
左轉，右手外旋前掤，掌心向內，掌指向左。（圖5-20）

7.第七拍，換手、換腿

（1）（圖5-21）與（圖5-15）動作相同，唯方向左右

圖 5-20

圖 5-21

圖 5-22

圖 5-23

相反。

（2）（圖 5-22）與（圖 5-16）動作相同，唯方向左右相反。

（3）（圖 5-23）與（圖 5-17）動作相同，唯方向左右相反。

（4）（圖 5-24）與（圖 5-18）動作相同，唯方向左右

圖 5-24

圖 5-25

圖 5-26

相反。

8. 第八拍，換手、換腿

（1）（圖5-25）與（圖5-19）動作相同，唯方向左右相反。

（2）（圖5-26）與（圖5-19）動作相同，唯方向左右

圖 5-27　　　　　　　　　　　　　　圖 5-28

相反。

（3）（圖 5-27）與（圖 5-20）動作相同，唯方向左右相反。

（二）立轉太極治肩肘

1. 第一拍，馬步立圓推

（1）甲乙右手前伸，交叉相搭，兩手外側接觸為準，掌指斜向上。（圖 5-28）

（2）甲乙左手鬆開下按至胯側，掌心向下，掌指向前。甲上體微左轉，右手內旋向乙面部仆掌，掌心向前，掌指向上；同時，乙右手內旋屈臂向右側引化至右肩前。（圖5-29）

（3）乙右手繼續內旋，掌心扶按在甲右手腕上，沿體側弧線向下按至右胯前；甲隨乙按勢下落至乙右胯前。

圖 5-29

圖 5-30

圖 5-31

（圖 5-30）

2. 第二拍

（1）乙右手扶按甲右手腕向前推按；甲身體微右轉，引乙右手至右胯側。（圖 5-31）

（2）甲右手屈臂沿體側上提至右肩前，掌指向前，

圖 5-32　　　　　　　　　圖 5-33

掌心向前下；乙隨甲勢沿甲體側上提至甲右肩前。（圖 5-
32）

3. 第三拍，換手

（1）甲右手內旋，掌心扶按乙右手腕上，向上按採至
腹前，掌心向下。甲乙左手前伸交叉相搭，兩手外側相貼，
掌心斜向前，掌指斜向上。（圖 5-33）

（2）圖（5-34）與（圖 5-29）動作相同，唯方向左右
相反。

（3）圖（5-35）與（圖 5-30）動作相同，唯方向左右
相反。

4. 第四拍

（1）（圖 5-36）與（圖 5-31）動作相同，唯方向左右
相反。

（2）（圖 5-37）與（圖 5-32）動作相同，唯方向左右

圖 5-34

圖 5-35

圖 5-36

圖 5-37

相反。

5. 第五拍，換手弓步立圓推

　　（1）甲身體微左轉，左手內旋扶按在乙手腕上向下採按至腹前，重心移於左腿，提起右腿向前上步，腳跟著地，右手隨之前伸；同時，乙重心移至右腿，提起左腳向左後退

圖 5-38　　　　　　　　　圖 5-39

步，右手隨之前伸與甲右手相搭，掌心斜向前，掌指斜向上。（圖 5-38）

（2）甲乙左手鬆開，按於胯側，掌心向下，掌指向前。甲右手內旋，掌心扶按在乙右手腕外側外關、陽谿兩個穴位上，屈指壓在手腕內側太淵、經渠兩個穴位上，並向前推按，隨之右腿屈膝前弓；乙右臂屈肘於右肩前，掌心向左，掌指向上，身體重心隨之移至左腿。（圖 5-39）

（3）甲右手指放開；乙右手內旋，掌心扶按在甲右手腕外側外關、陽谿兩個穴位上，沿體側向下採按至右胯前。（圖 5-40）

6. 第六拍

（1）乙身體微左轉屈指壓於甲手腕內側太淵、經渠兩個穴位上，並向甲腹前推按，右腿隨之屈膝前弓；甲右臂屈肘向右胯側弧線引化，重心隨之後移至左腿。（圖 5-41）

（2）乙右手指伸開；甲身體微右轉，右手沿體側弧線

圖 5-40

圖 5-41

圖 5-42

圖 5-43

上提至右肩前，掌心向前，掌指斜向上；乙隨甲勢，沿甲體
側弧線上提至肩前；掌心向前，掌指向上。（圖 5-42）

7. 第七拍，換手換腿

（1）（圖 5-43）與（圖 5-38）動作相同，唯方向左右
相反。

圖 5-44　　　　　　　　圖 5-45

（2）（圖 5-44）與（圖 5-38）動作相同，唯方向左右相反。

（3）（圖 5-45）與（圖 5-40）動作相同，唯方向左右相反。

8. 第八拍

（1）（圖 5-46）與（圖 5-41）動作相同，唯方向左右相反。

（2）（圖 5-47）與（圖 5-42）動作相同，唯方向左右相反。

（三）轉換陰陽舒心肺

1. 第一拍，馬步折疊推

（1）甲左手內旋，掌心扶按在乙左手腕上，向下採按

圖 5-46

圖 5-47

圖 5-48

至腹前，掌心均向下，左腳提起向後撤步成馬步。右手前伸
與乙右手交叉相搭，掌指斜向上；同時乙左手隨甲下按至腹
前，隨之身體左轉，重心移於左腿，右腳提起向前上步成馬
步，右手前伸與甲右手交叉相搭，掌指斜向上。（圖 5-48）

　　（2）甲乙左手鬆開按在胯側，掌心均向下，掌指均向
前。乙右手外旋，掌背壓於甲右手掌背上並向下引化至右胯

圖 5-49　　　　　　　　　圖 5-50

前，掌心向上；甲身體微左轉，右手內旋隨乙引化至乙右胯前，掌心向下。（圖5-49）

（3）乙右手內旋，帶動甲手向右、向上畫弧至肩前，屈肘，掌心向下；甲隨乙勢，右手外旋畫弧至乙右肩前，掌心向上。（圖5-50）

2. 第二拍

（1）甲身體微右轉，右手引帶乙手至右胯前，屈臂，掌心向上，掌指向前；乙隨甲勢，身體微左轉，右手伸臂隨甲至右胯前，掌心向下，掌指向前。（圖5-51）

（2）甲右手內旋帶乙手向右、向上畫弧至右肩前，屈肘，掌心向下；乙隨甲勢，右手外旋畫弧至甲右肩前，掌心向上。（圖5-52）

3. 第三拍，換手

（1）乙右手向下沉壓甲手至腹前，掌心向上，左手前

圖 5-51

圖 5-52

圖 5-53

圖 5-54

伸承接甲左手；甲右手隨乙右手下落至腹前，掌心向下；左
手前伸與乙左手交叉相搭。（圖 5-53）

（2）（圖 5-54）與（圖 5-49）動作相同，唯方向左右
相反。

| 圖 5–55 | 圖 5–56 |

（3）（圖 5-55）與（圖 5-50）動作相同，唯方向左右相反。

4. 第四拍

（1）（圖 5-56）與（圖 5-51）動作相同，唯方向左右相反。

（2）（圖 5-57）與（圖 5-52）動作相同，唯方向左右相反。

5. 第五拍，換手、上步

（1）乙左手向下沉壓甲手至腹前，掌心向上。右手前伸承接甲右手，重心移至右腿，左腳提起向左後撤步；同時，甲重心移至左腿，提起右腳向前上步，腳跟著地，兩右腳內側相對；右手前伸與乙右手交叉相搭，手背相貼，掌指向上。（圖 5-58）

（2）甲乙左手鬆開下落，按至胯側。乙右手內旋，掌

圖 5-57

圖 5-58

圖 5-59

圖 5-60

心貼於甲手腕外側，屈指握住，外旋擰轉向下採至右胯前；同時屈左腿，重心後移；甲隨乙勢，身體微左轉，右手隨擰轉內旋向下至乙右胯前，同時屈膝前弓。（圖5-59）

（3）乙右手指伸展，內旋向右、向上屈肘至右肩前，掌心向外，掌指向下；甲沉肘，右手外旋，托乙手沿乙體側畫弧至乙肩前，屈指握住乙手腕。（圖5-60）

圖 5-61　　　　　　　　圖 5-62

6. 第六拍

（1）甲左腿屈膝，重心移至左腿，右手外旋擰轉，採乙右手至右胯前，身體微右轉；乙隨甲採勢右手向下向前內旋伸臂，右腿隨之屈膝前弓。（圖5-61）

（2）甲右手指伸展，內旋向右、向上屈肘至右肩前，掌心向外，掌指向下；乙沉肘，右手外旋托甲手沿甲體側畫弧至甲右肩前，屈指握住甲手腕。（圖5-62）

7. 第七拍，換手、換腿

（1）乙右手外旋擰轉，採甲右手向下至腹前，提起左腳向前上步成馬步，左手前伸承接甲左手；甲右手隨乙下採至腹前，提起右腳向後撤步成馬步，同時左手前伸與乙左手交叉相搭，手背相貼。（圖5-63）

（2）甲乙手型不變。甲身體重心移至右腿，向前上步，腳跟著地；同時，乙身體重心移至右腿，左腳提起向前

圖 5-63

圖 5-64

圖 5-65

圖 5-66

上步，腳跟著地。身體重心移至右腿，同時右腳提起向右後撤步成弓步。（圖 5-64）

（3）（圖 5-65）與（圖 5-59）動作相同，唯方向左右相反。

（4）（圖 5-66）與（圖 5-60）動作相同，唯方向左右相反。

圖 5-67

圖 5-68

8. 第八拍

（1）（圖5-67）與（圖5-61）動作相同，唯方向左右相反。

（2）（圖5-68）與（圖5-62）動作相同，唯方向左右相反。

（四）單臂旋拉臂經通

1. 第一拍，馬步旋拉

（1）乙左手向下採按甲手至腹前，身體重心移至左腿，右腳提起向前上步成馬步，右手前伸承接甲右手；甲左手隨乙採按至腹前，左腳提起向後落成馬步，右手前伸與乙右手交叉相搭，手背相貼，掌指向上。（圖5-69）

（2）乙左手鬆開。甲乙左手按至胯側。甲右手內旋，

圖 5-69

圖 5-70

掌心貼於乙右手腕外側，屈指握住向右採拉，鬆肩，垂肘，坐腕，使乙臂伸展；乙身體微左轉，右手隨甲採勢伸展。（圖 5-70）

2. 第二拍

圖 5-71

甲右手外旋向右、向下、向左弧線擰轉至左胯前，身體微左轉；乙右手內旋隨甲畫弧至右胯前，身體隨之向右轉正，掌指向下，掌心向外。（圖 5-71）

3. 第三拍，換手

（1）甲左手前伸與乙手交叉相搭，掌指向上；乙用左手承接甲左手，掌背相貼，掌指向上。（圖 5-72）

圖 5-72　　　　　　　　　　圖 5-73

（2）（圖 5-73）與（圖 5-70）動作相同，唯方向左右相反。

4. 第四拍

（圖 5-74）與（圖 5-71）動作相同，唯方向左右相反。

甲乙互換攻防位置，重複以上四拍動作一次。

5. 第五拍，甲弓步旋拉

（1）甲乙左手下按至腹前，右手前伸，胸前交叉相搭，兩掌外側相貼，掌指斜向上。（圖 5-75）

（2）甲乙左手鬆開，下按至胯側。甲右手內旋，掌心貼乙左手腕外側，屈指握住，身體右轉，右腳提起向右側平行邁步並屈膝前弓，右手向右開採至肩高，鬆肩，垂肘，坐腕；同時，乙身體左轉，左腳提起向左側平行邁步隨之屈膝前弓，右手隨甲採勢向左推掌伸臂。（圖 5-76）

圖 5-74

圖 5-75

圖 5-76

圖 5-77

6. 第六拍

　　甲身體左轉，左腿屈膝，重心移至左腿，右手外旋向右、向下、向左畫弧至左胯前；乙右手向前、向下畫弧至甲左胯前，掌心向外，掌指向下，同時身體右轉，右腿屈膝，重心移至右腿。（圖 5-77）

圖 5-78　　　　　　　　　圖 5-79

7. 第七拍，換手換腿

（1）甲提起右腳向左回收成馬步，身體向右轉正，左手前伸與乙左手交叉相搭；同時乙提起左腳向右回收成馬步，左手前伸承接甲左手，掌指向上。（圖 5-78）

（2）（圖 5-79）與（圖 5-76）動作相同，唯有方向左右相反。

8. 第八拍

（圖 5-80）與（圖 5-77）動作相同，唯方向左右相反。

9. 第九拍，乙弓步旋拉

（1）（圖 5-81）與（圖 5-78）動作相同，唯有方向左右相反。

（2）（圖 5-82）與（圖 5-79）動作相同，唯方向左右

圖 5-80

圖 5-81

圖 5-82

圖 5-83

相反，甲乙互換攻防位置。

10. 第十拍

（圖 5-83）與（圖 5-80）動作相同，唯有方向左右相反，甲乙互換攻防位置。

圖 5-84   圖 5-85

11. 第十一拍，換手換腳

（1）（圖5-84）與（圖5-81）動作相同，唯有方向左右相反，甲乙互換攻防位置。

（2）（圖5-85）與（圖5-82）動作相同，唯有方向左右相反。

12. 第十二拍

（1）（圖5-86）與（圖5-83）動作相同，唯有方向左右相反。

（2）乙身體向左轉正，提左腳回收成馬步；甲隨乙勢，同時右腳提起回收成馬步。（圖5-87）

圖 5-86

圖 5-87

圖 5-88

（五）順經捋臂顧面門

1. 第一拍，馬步捋臂

（1）甲乙右手前伸胸前交叉相搭，兩手外側相貼，掌指斜向上。（圖 5-88）

（2）甲身體微右轉，右手內旋掌心貼乙右手腕外側屈指握住，左手鬆開向上放在乙右大臂上段，掌跟斜向前；乙身體微左轉，左手按在左胯側，掌心向下，掌指向前，右手隨甲前伸。（圖 5-89）

圖 5-89

2. 第二拍

甲右手向下採按乙右手至右腹前，左手外旋沿乙手陽明大腸經穴向下捋至偏歷穴，掌心斜向上；乙右手下落至甲腹前，掌心向下，掌指斜向下。（圖5-90）

圖 5-90

3. 第三拍，換手

（1）乙左手前伸與甲左手胸前交叉相搭，掌指斜向上，右手不動；甲左手抬起承接乙左手，兩手外側相貼，掌指斜向上，左手不動。（圖5-91）

（2）甲身體左轉，左手內外掌心貼於乙左手腕外側，屈指握住，右手鬆開向上放在乙左大臂上段，掌跟

圖 5-91

貼在臂臑穴上，掌心斜向左，掌指斜向前；乙身體微右轉，右手按在右胯側，掌心向下，掌指向前，左手隨甲前伸。（圖5-92）

4. 第四拍

（圖5-93）與（圖5-90）動作相同，唯有方向左右相

圖 5-92

圖 5-93

圖 5-94

圖 5-95

反。

5. 第五拍，甲換乙

（1）（圖5-94）與（圖5-88）動作相同，唯有方向左右相反。

（2）（圖5-95）與（圖5-89）動作相同，唯有方向左

圖 5-96

圖 5-97

右相反，甲乙互換攻防位置。

6. 第六拍

（1）（圖 5-96）與（圖 5-90）動作相同，唯有方向左右相反，甲乙互換攻防位置。

7.第七拍，換手

（1）（圖 5-97）與（圖 5-91）動作相同，唯甲乙方向相反。

（2）（圖 5-98）與（圖 5-92）動作相同，唯有甲乙動作相反。

8. 第八拍

（1）（圖 5-99）與（圖 5-93）動作相同，唯有甲乙動作相反。

（2）甲乙馬步雙按。（圖 5-100）

圖 5-98

圖 5-99

圖 5-100

9. 第九拍，弓步採捋

（1）甲右手前伸與乙右手胸前交叉相搭，掌指斜向
上；乙右手前伸承接，兩手外側相貼，掌指斜向上；甲身體
右轉，重心移至左腿，右腳提起向右邁步並屈膝前弓成弓
步，重心隨之前移，左手鬆開向上屈臂，放在乙右大臂上

圖 5-101

圖 5-102

段，掌跟貼在臂臑穴上，掌心向右，掌指斜向前，右手內旋，掌心貼乙右手腕外側，屈指握住向右平採使乙臂伸展，沉肩，垂肘，坐腕；乙隨甲勢，身體左轉，左手鬆開按至左胯側，掌心向下，掌指向前，左腳提起向左側平行邁步，屈膝成弓步，上體隨之前移，右手隨甲前伸。（圖 5-101）

10. 第十拍

甲左手沿手陽明大腸經穴向前捋至偏歷穴，同時左腳向前跟步；乙右腳隨之前跟。（圖 5-102）

11. 第十一拍，轉體換手

（1）乙左手相搭；甲用左手承接乙之左手，掌指斜向上。（圖 5-103）

（2）（圖 5-104）與（圖 5-101）動作相同，唯有方向左右相反。

圖 5-103

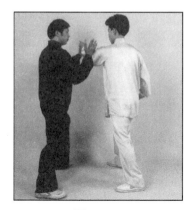

圖 5-104

圖 5-105

12. 第十二拍

（圖 5-105）與（圖 5-102）動作相同，唯有方向左右
相反。

13. 第十三拍

甲左手伸展，身體右轉，右手下按至右胯側，身體重心移至左腿，提起右腳向右邁步隨之屈膝前弓，重心前移，右手隨乙採勢向前伸展；同時，乙左手內旋掌心貼甲左手腕外側屈指握住，隨之身體左轉，左腳提起向左側上步屈膝成弓步，右手向右平採同肩高，左手抬起屈臂放在甲左大臂上段，掌跟貼甲臂臑穴，掌心斜向左，掌指斜向上。（圖5-106）

圖 5-106

14. 第十四拍

（圖 5-107）與（圖 5-102）動作相同，唯有方向左右相反，甲乙互換攻防位置。

圖 5-107

15. 第十五拍，轉體換手

（1）（圖 5-108）與（圖 5-103）動作相同，唯有方向左右相反，甲乙互換攻防位置。

（2）（圖 5-109）與（圖 5-103）動作相同，唯有方向左右相反，甲乙互換攻防位置。

圖 5-108

圖 5-109

圖 5-110

圖 5-111

16. 第十六拍

（1）（圖 5-110）與（圖 5-104）動作相同，唯有方向左右相反，甲乙互換攻防位置。

（2）乙右手展指，兩手下按至胯前，掌心向下，掌指向前，同時身體向左轉正成馬步雙按；甲右手下按至胯，兩掌心向下，掌指向前，身體向右轉正成馬步雙按。（圖 5-111）

圖 5-112

圖 5-113

（六）對靠肩髎三焦經

1. 第一拍，提膝下採

（1）甲乙右手抬起胸前交叉相搭，掌心向左，掌指斜向上，鬆肩垂肘，兩腿半蹲不動，目視對方。（圖 5-112）

（2）甲乙身體重心移至左腿。甲右手內旋，掌心扶按乙右手腕上，向下採按，同時右腿屈膝上提；乙隨甲勢，右手內旋隨甲採按向下，隨之右腿屈膝上提，掌心均向下，掌指均向前。（圖 5-113）

2. 第二拍，偏馬步靠

（1）甲乙右腳向前上步，兩腳內側相對，腳跟先著地，腳尖翹起，兩膝微屈。（圖 5-114）

（2）甲身體微左轉，右手向右捋採乙手至右胯前，右

圖 5-114

圖 5-115

腳尖內扣，同時屈膝前弓，用右肩向乙右肩靠，兩肩的肩髃相對靠；乙隨甲勢，身體微左轉，右手隨甲採向左至腹前，右腳尖內扣，屈膝前弓用右肩承接甲的靠勁。（圖 5-115）

3. 第三拍，背靠

（1）甲乙身體重心移至左腿，兩右手外旋向上，兩手

圖 5-116

相搭，兩手腕外側相貼，掌心向左，掌指斜向上。兩腳提起再向前上步，兩腳外側相對，腳跟先著地，腳尖翹起。（圖 5-116）

（2）甲身體微左轉，右臂向前伸展，右腳尖內扣，同時屈膝前弓，用右肩肩胛處的乘風穴、天宗穴、臑俞穴和肩貞四穴相對靠；同時乙身體微左轉，右臂向前伸展，右腳尖

圖 5-117

圖 5-118

圖 5-119

圖 5-120

內扣，屈膝前弓，用右肩胛處承接甲的靠勁。（圖 5-117）

4. 第四拍，還原

甲乙身體重心移至左腿，右腳提起，向後落成馬步，右手內旋，屈臂下按，甲乙相對，成馬步雙按勢。（圖 5-118）

以上四拍動作換方向重做一次。（圖 5-119～125）

　　然後甲乙互換攻防位置，重做一次以上八拍動作。（圖
5-126～139）

圖 5-121

圖 5-122

圖 5-123

圖 5-124

圖 5-125

圖 5-126

圖 5-127

圖 5-128

圖 5-129

圖 5-130

圖 5-131

圖 5-132

圖 5-133

圖 5-134

圖 5-135

圖 5-136

圖 5-137

圖 5-138

圖 5-139

（七）鎖腕旋臂捋脊背

1. 第一拍

　　（1）乙身體左轉，重心移至左腿，提起右腳向前上步，腳跟先著地，腳尖翹起，抬起右手向甲胸推按，左手向

圖 5-140　　　　　　　　　圖 5-141

左後自然伸展；甲身體右轉，重心移至右腿，提起左腳向乙右腳外側上步，腳尖翹起，右手屈臂抬起與乙右手相搭，兩手跟相貼，掌指斜向上，左手屈臂外旋，掌跟在乙右臂肘關節的曲池穴上，掌心向內，掌指斜向上。（圖 5-140）

（2）甲右腳尖落地，微內扣；同時，乙右腳尖落地，微內扣，隨之屈膝前弓。（圖 5-141）

2. 第二拍

（1）甲身體左轉，右手屈指握住乙右手腕，拇指壓於乙手腕內側的神門與內關穴上，身體左轉，外旋向下撺轉至腹前，左臂屈肘，掌跟按壓在乙右臂後側的肩貞穴上，掌指斜向上，左腿隨之前弓，重心前移；乙右手內旋向下，身體左轉，左腿屈膝前弓，重心前移，左手內旋向上伸展。（圖 5-142）

（2）甲乙動作不變。甲左手指按在大杼穴上沿脊椎向下捋至命門穴。（圖 5-143）

圖 5-142

圖 5-143

3. 第三拍

甲右手屈臂內旋，身體右轉，右腿屈膝，重心移至右腿，左臂屈肘，抬起掌跟按壓在乙右肘的曲池穴上，掌指斜向上；乙右臂外旋，身體右轉，右腿屈膝前弓，重心前移，左手外旋落至肩平，掌心向外，掌指向前。（圖 5-144）

圖 5-144

4. 第四拍，馬步雙按

甲右手指伸展，身體左轉，左腳提起向左後撤成馬步，兩手下按至胯前；乙身體重心移至左腿，身體右轉，右腳提起向右後撤成馬步，同時兩手下按至胯前，甲乙相對。（圖

5-145）

　　換手，換步，以上四拍動作換方向重做一次。（圖5-
146～150）

圖 5-145

圖 5-146

圖 5-147

圖 5-148

然後，甲乙互換攻防位置，再做一次以上八拍動作。
（圖 5–151～156）

圖 5–149

圖 5–150

圖 5–151

圖 5–152

圖 5-153

圖 5-154

圖 5-155

圖 5-156

（八）馬步架接擊風市

1. 第一拍，兩手對接

（1）甲乙右前伸胸前交叉相搭，兩手外側相貼，掌指斜向前，掌心向左，兩臂微屈，肘下垂，目視對方。（圖

圖 5-157

圖 5-158

5-157）

（2）甲乙兩手內旋，掌
心勞宮穴相對，屈指對握，拇
指按壓合谷穴上，中指與無名
指按壓後谿和前谷穴上。（圖
5-158）

2. 第二拍，馬步架

（1）甲乙身體右轉，右
臂上舉，重心移至右腿，左腳

圖 5-159

提起向前上步，兩腳內側相對，腳跟先著地，腳尖翹起，左
手屈臂於右胸前，掌心向右，掌指向上。（圖 5-159）

（2）甲乙左腿屈膝前弓成馬步。（圖 5-160）

3. 第三拍

甲乙兩左手用掌跟同時向下擊對方大腿外側的風市穴。

圖 5-160

圖 5-161

（圖 5-161）

4. 第四拍

甲乙身體左轉，重心移
至右腿，左腳提起向左撤成
步，兩右手下落至胸前，左
手按至左胯側，掌心向下，
掌指向前。（圖 5-162）

5. 第五拍

圖 5-162

（1）甲乙右手展指外旋，向下按至腹前，左手抬起向
前伸臂，胸前交叉相搭，掌心向右，掌指斜向前。（圖 5-
163）

（2）甲乙右手下按至胯側，掌心向下，掌指向前，兩
左手內旋，掌心勞宮穴相對，屈指對握，拇指按壓合谷穴
上，中指與無名指按壓後谿和前谷穴上。（圖 5-164）

圖 5-163

圖 5-164

圖 5-165

圖 5-166

　　以下動作同前四拍，唯方向左右相反。（圖 5-165～168）

收　勢

1.甲乙左手鬆開下落，抱至腹前，兩掌心向內，掌指斜

圖 5-167

圖 5-168

圖 5-169

圖 5-170

向下，兩眼內視，意想丹田。（圖 5-169）

　　2.甲乙兩手下落垂於體側，兩腿伸直，甲提左腳、乙提右腳向同側併步，抱氣歸原。稍靜立片刻再走動。（圖 5-170）

六、雙推手動功六勢

起　勢

1.甲乙相對站立，兩手握拳前平舉，拳面接觸為準。拳心向內，拳眼向上。（圖6-1）

2.甲乙兩手下落變掌垂於體側，掌指輕貼大腿外側。（圖6-2）

3.甲乙左腳外擺45度，兩手外旋側平舉至頭上方，環抱，掌心向內，掌指斜向上。（圖6-3）

4.甲乙兩手向內，經面胸前向下按至腹前，掌心向下，

圖6-1　　　　　　　　　　圖6-2

圖 6-3　　　　　　　　　　　圖 6-4

掌指向前；同時兩腿屈膝下蹲。（圖 6-4）

（一）壓穴平圓雙推手

1. 第一拍，弓步雙推

（1）甲乙身體微左轉，重心移至左腿，提起右腳向前上步。兩腳內側相對，腳跟先著地，腳尖翹起。同時雙方右手外旋前伸，胸前交叉相搭，掌心向左，掌指斜向上。（圖6-5）

（2）乙屈肘前掤，掌心向內，掌指向左，右腳尖落地，隨之屈膝前弓，左手抬起向前按甲右肘，掌心貼甲右肘外側的曲池穴；同時，甲身體微右轉，右手內旋屈於胸前，掌心貼乙右手腕外側外關穴上並握指按壓內關穴，左手抬起，扶按乙右肘外側的曲池穴。（圖6-6）

（3）甲兩手向乙胸前平推，右腿隨之屈膝前弓；同

圖 6-5

圖 6-6

圖 6-7

圖 6-8

時，乙左腿屈膝，身體重心後移至左腿，右臂回掤至胸前；左手隨身體後移向後捋。（圖6-7）

（4）甲身體微左轉，右手展指外旋，屈肘，小臂向前掤，左手向前推按；同時，乙身體微右轉，右臂沉肘，手內旋向右捋甲右臂，左手隨之右捋，兩掌心扶按甲右臂，掌指向上。（圖6-8）

圖 6-9

圖 6-10

2. 第二拍

（1）乙右手掌心貼甲右腕外側的外關穴，屈指按壓在內關穴上，兩手按甲小臂向甲胸前推按，右腿隨之屈膝前弓；同時，甲左腿屈膝，身體微右轉，重心移至左腿，右臂隨身體回掤至胸前，掌心向內，右手隨之後将。（圖6-9）

（2）乙身體微左轉，右手展指外旋，屈肘小臂向前掤，左手向前推按；同時，甲身體微右轉，右臂沉肘，手內旋向右将乙右臂，左手隨之右将，兩掌心扶按甲右臂，掌指向上。（圖6-10）

（3）甲右手向下採按乙右手至腹前，左手鬆開乙右肘向乙胸前推按，右腳提起向後撤成馬步；同時，乙右手隨甲下採，身體微右轉，左腳提起向前上步成馬步，左手鬆開甲右肘向前承接甲左手。兩手外側相貼，掌心向右，掌指斜向上。（圖6-11）

圖 6-11　　　　　　　　　　圖 6-12

3. 第三拍，換手、換腳平推

（1）甲身體重心移至右腿，左腳提起向前上步至乙左腳內側，左手內旋向左，右手鬆開乙手，扶按在乙左臂肘關節的曲池穴上，掌指均向上；同時，乙身體重心移至左腿，右腳提起向右後撤成弓步，左手外旋前掤，右手向前扶按甲右肘關節的曲池穴上。（圖6-12）

以下（圖6-13～17）與（圖6-7～11）動作相同，唯方向左右相反，甲乙互換攻防位置。

此式可如此循環反覆練習。

圖 6-13

圖 6-14

圖 6-15

圖 6-16

圖 6-17

（二）壓穴立圓雙推手

1. 第一拍，弓步立圓雙推

（1）甲身體微左轉，重心移至左腿，右腳提起向前上

圖 6-18

圖 6-19

步，與乙左腳內側相對，腳跟著地，腳尖翹起；乙左腳提起
向左後撤步，隨之重心後移至左腿。（圖6-18）

（2）甲右手內旋，掌心貼乙右手外側的養老穴和外關
穴，屈指按壓在列缺穴，左手鬆開扶按乙右肘的曲池穴上，
同時兩手向前推按乙臂，隨之右腿屈膝前弓，重心前移；同
時，乙右臂屈肘，右手向上，向內畫弧至右肩前；左手按甲
右肘關節，掌心扶按甲右肘
曲池穴，向後向右捋。（圖
6-19）

（3）甲右手展指；乙
右手內旋，掌心扶按甲右手
腕上的外關穴，沿體側向下
按至右胯前，右手屈指按壓
甲右手腕內側的列缺穴，左
手微下捋。（圖6-20）

圖 6-20

圖 6-21　　　　　　　　圖 6-22

2. 第二拍

（1）乙兩手按甲右臂向甲腹部推按，右腿隨之屈膝前弓，重心前移；同時，甲左腿屈膝後坐，身體重心移至左腿，右手向右胯引化乙兩手，左手隨身體向後捋。（圖 6-21）

（2）乙右手展指微外旋；甲右臂屈肘，右手沿體側向上屈於右胸前，前心斜向前，掌指斜向上，左手扶按乙肘。（圖 6-22）

（3）甲乙左手放鬆向下按至胯側。甲右手內旋向下採按乙右手腕至腹前，提起右腳向後撤成馬步；乙隨甲勢，右手向下落至腹前，同時左腳提起向前上步成馬步。（圖 6-23）

3. 第三拍，換手、換步

（1）甲乙左手前伸，胸前交叉相搭，兩手外側相貼，

圖 6-23

圖 6-24

圖 6-25

圖 6-26

掌心斜向右，掌指斜向上。（圖6-24）

（2）甲身體微右轉，提起左腳向前上步，與乙左腳內側相對，隨之屈膝前弓。右手鬆開扶按乙左肘關節上，掌心貼按在乙左肘曲池穴上；同時，乙左手扶按在甲左肘關節上的曲池穴上，隨之提起右腳向右後撤步。（圖6-25）

以下（圖6-26～29）與（圖6-19～22）動作相同，唯

圖 6-27

圖 6-28

圖 6-29

　　方向左右相反，甲乙互換攻防位置。
　　此式可如此循環反覆練習。

圖 6-30　　　　　　　　　　　　圖 6-31

（三）掛臂採按推天宗

1. 第一拍

（1）甲左手內旋向下採按乙左手腕至腹前，右手向下按至胯側，左腳提起向後撤成馬步；同時，乙左手向下按至胯側，右手隨甲採按至腹，右腳提起向前上步成馬步。（圖6-30）

（2）乙右手抬起向甲胸推按，掌心向前，掌指斜向上；同時，甲左手鬆開，屈肘並向上承接乙右手，用左手腕外側的腕骨穴與乙右手腕內側的經渠穴相貼，隨之右手內旋向乙右腋下伸掌，掌心貼乙大臂內側，掌指微屈，點按在極泉穴上，身體微左轉。（圖6-31）

2. 第二拍，進步按

（1）甲左手向左、向下弧線掛採乙手至腹前，右腳提起向右上步，身體隨之右轉並屈膝前弓，右手採乙右臂向右平採，左手鬆開向上按在乙右肩胛骨上的天宗穴；同時，乙右臂隨甲掛採向右、向下、向上畫弧至肩平，掌心向上。掌指向左，身體左轉，左腳提起向左上步，並屈膝前弓，左手不動。（圖6-32）

3. 第三拍：換手換步

乙右手向下落，身體右轉，重心移至右腿，左腳提起向後回撤成馬步。左手抬起，向甲胸推按；甲隨乙勢，身體左轉，右腳提起向後回撤成馬步，兩手鬆開，右臂屈肘，右手由下向上、向右弧線至胸前，與乙左手腕內側相接觸；甲用掌外側的腕骨穴與乙腕內側的經渠穴相貼，同時左手內旋向乙左腋下伸掌，掌心貴乙大臂內側，掌指微屈，點按在極泉

圖 6-32

圖 6-33

穴上，身體向右轉。（圖6-33）

以下（圖6-34～38）與（圖6-30～34）動作相同，唯動作方向相反，甲乙互換攻防位置。

接（圖6-38），甲身體右轉，右手向下按至胯側，重心移至右腿，左腳提起向回撤成馬步；同時乙身體左轉，重心移至左腿，提起右腳向回撤成馬步。兩手鬆開按至兩胯

圖6-34

圖6-35

圖6-36

圖6-37

圖 6-38　　　　　　　　圖 6-39

側，目視對方。

（四）合步四正按曲池

1. 第一拍，雙搭手

（1）甲乙右手前伸，胸前交叉相搭，手背相貼，左手抬起按在對方右肘關節上，掌心貼在對方的曲池穴上。（圖6-39）

（2）甲乙左腳外擺45度，身體重心移至左腿，提起右腳向前上步，兩腳內側相對，腳跟先著地，腳尖翹起。（圖6-40）

（3）甲掤乙捋勢。甲右腳尖落地，隨之屈膝前弓，重心前移，右手外旋向乙胸前掤，左手隨身向前按乙肘；同時，乙右腳尖落地，身體重心移至左腿，右手內旋屈肘向右捋甲右臂，左手隨右手向右捋。（圖6-41）

圖 6-40

圖 6-41

圖 6-42

2. 第二拍，甲擠乙按勢

甲身體微右轉，右臂屈肘向乙胸前平擠。左手鬆開乙右肘，扶按自己右肘內側與乙左手相接，兩手外側相接觸；同時，乙右手內旋掌心扶按甲右手背，兩手按甲右臂向下、向前推按。（圖 6-42）

3. 第三拍，甲捋乙掤勢

（1）甲右手外旋貼乙左小臂下側向外平出，掌心托乙左肘下側的小海穴。（圖6-43）

圖6-43

（2）甲左腿屈膝，身體重心後移至左腿，同時兩手內旋向上，向左弧線捋乙左臂至胸前，左手心按在乙左手背，右手由肘下向肘外側捋按，掌心貼乙曲池穴，掌指向上。（圖6-44）

4. 第四拍，甲按乙擠勢

（1）甲身體微右轉，左手按乙左臂至腹前；同時，乙左臂屈肘向前平擠甲胸部，身體微左轉，右手鬆開甲左肘，扶按自己左肘內側與甲右手相接。（圖6-45）

圖6-44

（2）乙左手外旋貼甲右小臂下側向外平出，掌心托甲右肘下側的小海穴。（圖6-46）

（3）甲右腿屈膝前弓，右手外旋前掤至乙胸前，臂成弧形，掌心向內，掌指斜向上。左手隨之前按；同時，乙左腿屈膝，身體重心後移至左腿，隨之兩手內旋向上向右弧

圖 6-45

圖 6-46

圖 6-47

圖 6-48

線将甲右臂至胸前，右手心按在甲右手背上。左手由肘下向肘側将按，掌心貼乙曲池穴，掌指向上。（圖 6-47）

（4）甲乙左手鬆開下按至胯側。乙右腳提起向後撤成馬步，右手向下採按甲右手至腹前；甲右手隨乙右手下採勁至腹前，同時左腳提起向前上步成馬步。（圖 6-48）

5. 第五拍，換手、換腳

（1）甲乙左腳外擺 45 度，身體重心移至右腿，提起左腳向前上步，兩腳內側相對，腳跟著地，腳尖翹起。左手前伸，胸前交叉相搭，兩手背相貼。右手鬆開扶按對方左肘關節曲池穴上。（圖 6-49）

圖 6-49

圖 6-50

圖 6-51

圖 6-52

以下（圖6-50～56）與（圖6-41～47）動作相同，唯方向左右相反，甲乙互換攻防位置。

接（圖6-56），甲右腿屈膝，身體重心在兩腿之間，左手微內旋，屈肘至胸前；乙左腿屈膝前弓，身體重心移至兩腿之間，左手外旋與甲手背相貼。甲乙右手不變。（圖6-57）

圖 6-53

圖 6-54

圖 6-55

圖 6-56

圖 6-57

圖 6-58

甲乙右手下落按至胯側。甲左手內旋向下採按乙左手至腹前，重心移至右腿，提起左腳向後撤成馬步；同時，乙左手隨甲採按至腹前，身體重心移至右腿，提起左腳向後撤成馬步。（圖 6-58）

（五）順步四正盤蛟龍

1. 第一拍，甲捋乙掤

（1）甲左腳外擺 45 度，身體左轉，左手內旋屈肘向左上採乙左手至左胸前，左手抬起放在乙左肘關節處腕下的養老穴與乙曲池穴相貼。提起右腳向前上步，腳跟先著地，腳尖翹起；同時乙右腳外擺 45 度，身體右轉，重心移至右腿。提起左腳向前上步至甲右腿內側，腳跟先著地，腳尖翹起。左手外旋隨甲採向前伸臂，右手抬起在肘內側與甲右手背相貼，手指向上。（圖 6-59）

圖 6-59

圖 6-60

（2）甲右腳尖落地，右膝微屈；乙左腳尖落地，左腿屈膝前弓，左臂向甲胸前掤。（圖6-60）

2.第二拍，乙擠甲按

乙身體微左轉，左臂屈肘平擠甲腹部；同時，甲身體微右轉，左手按乙右肘關節的曲池穴，兩手向乙胸前

圖 6-61

推按；乙左手外旋貼甲腹部向外至甲右肘下，掌心托肘髎穴和天井穴。（圖6-61）

3.第三拍，甲掤乙捋

乙身體重心後移，微右轉，右手屈肘內旋向右捋甲右手至右胸前，掌心扶按甲右手背上。左手外旋屈肘，貼甲臂向

圖 6-62

圖 6-63

上滾動，向右捋；同時，甲身體微左轉，右手外旋前掤，臂成弧形，左手不變。（圖 6-62）

4.第四拍，甲擠乙按

（1）甲身體微右轉，右臂屈肘，向前平擠乙腹部，左手鬆開，放至自己右肘內側與左手相接；同時，乙兩手按甲右臂向下，屈肘後，右手按甲左肘的曲池穴，並向甲胸推按；甲右手外旋向前，向外貼腹部至乙左肘下的肘髎穴和天井穴。（圖 6-63）

（2）甲捋乙掤。甲身體重心後移至左腿，身體微左轉，左手內旋屈肘向左捋乙左手至右胸前，掌心扶按乙手背，右手外旋屈肘貼乙臂向上滾動，向左捋；同時，乙左腿屈膝前弓，身體微右轉，左手外旋前掤至甲胸前，右手鬆開，扶按自己左肘內側與甲右手相接。（圖 6-64）

（3）甲乙左手下落按至胯側，甲右手內旋向下採按乙右手至腹前，身體右轉，左腳尖內扣，身體重心移至左腿，

圖 6-64

圖 6-65

圖 6-66

圖 6-67

右腳提起向後回撤成馬步；同時，乙身體左轉，右腳尖內
扣，身體重心移至右腿，左腳提起向後回撤成馬步，左手隨
甲下落至腹前。（圖 6-65）

　　換方向重複以上四拍動作。（圖 6-66～72）

圖 6-68

圖 6-69

圖 6-70

圖 6-71

圖 6-72　　　　　　　　　　圖 6-73

（六）單臂托肘進身靠

1. 第一拍

（1）乙左臂屈肘，外旋，手指向上引至胸前，手背相貼；甲左手展指外旋隨乙向上至胸前，手背相貼，甲乙掌心均向內，右手抬起按至對方左肘關節上，掌心貼在曲池穴上。（圖 6-73）

（2）甲右手四指貼乙肘，按少海穴，拇指按在曲池穴上，左手內旋向左、向下握乙右肘外側，四指按在少海穴上，拇指按在曲池穴上；同時，乙左手內旋向下，向前，右手貼甲肘向下向前按甲胸。（圖 6-74）

圖 6-74　　　　　　　　圖 6-75

2. 第二拍

　　甲右腳尖外擺，右手鬆開按至右胯側，身體右轉，左手握乙右肘向右、向下再向上弧線托至肩前，同時左腳提起向右上步，落在右腳前側成弓步；乙隨甲勢，左腳外擺，左手按至胯側，身體左轉，右手向右，向下再向上托至右前方，掌心向前，掌指向上，同時右腳提起，向左腳前上步成弓步，腳外側與甲左腳外側相貼。（圖 6-75）

3. 第三拍

　　乙右臂下沉，肘向下、向右收，身體向右轉，右腳提起向後撤步，左腳尖內扣成馬步，隨之左手抬起向甲胸推按；甲左手隨乙向左，身體左轉，左腳提起向後撤步，右腳尖內扣成馬步，右手抬起，屈臂，掌心向內，腕微屈，四指向下貼在乙左肘關節上，屈指按在少海穴上，拇指壓在曲池穴上。甲乙相對。（圖 6-76）

圖 6–76

圖 6–77

圖 6–78

圖 6–79

4. 第四拍

（圖 6–77）與（圖 6–75）動作相同，唯有方向左右相反。

甲乙互換攻防位置，重複以上四拍動作。（圖 6–78～81）

圖 6-80

圖 6-81

圖 6-82

甲乙馬步對按（圖6-82），然後收勢。

七、太極拳推手對練套路

第1組 起 勢

（1）甲乙相對站立，併步成立正姿勢，距離以雙方握拳前平舉，拳面接觸為準，身體自然放鬆，目視對方。（圖7-1）

（2）甲乙互行抱拳禮，然後還原成立正姿勢。（圖7-2、3）

（3）甲左腳提起，乙右腳提起向同側開步，與肩同寬。（圖7-4）

圖 7-1   圖 7-2

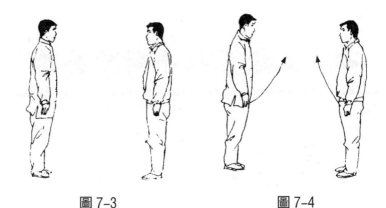

圖 7-3　　　　　　　　　　　圖 7-4

　　【意勁的運用】開步時，意想全身放鬆，意想丹田，重心移向支撐腿。意想虛腿屈膝緩提。甲乙向同側開步，當腳落地踏實後，身體重心移至兩腿之間。

　　（4）甲乙兩臂前平舉與肩同高、同寬，掌心向下，掌指向前。（圖7-5）

　　【意勁的運用】兩手前舉時，意想兩手手背向前向上引。兩手向上時兩臂放鬆，兩肘尖下垂沉肩。

　　（5）甲乙兩腿屈膝下蹲，同時兩手下按至腹前，兩肘下垂，與膝相對，上體保持中正。（圖7-6）

　　【意勁的運用】屈膝下按。意想兩手心向下用勁，如按一球在水中，要用勁均勻。

　　（6）甲乙雙方左腳外擺45度，身體左轉，同時兩手外旋向外、向上掤抱於胸前。頭稍右轉，目視對方。（圖7-7）。

　　【意勁的運用】開抱。意想兩手臂外側用勁。從裡有一種向外掤勁，同時兩臂撐圓，胸微含，脊背也要有向外的撐

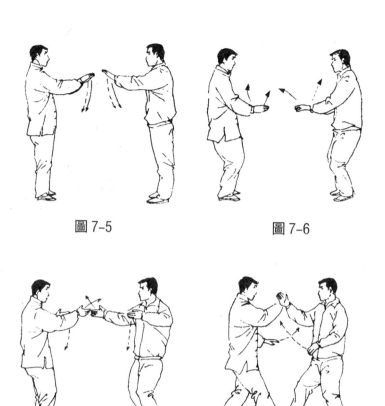

圖 7-5　　　　　　　　　　圖 7-6

圖 7-7　　　　　　　　　　圖 7-8

張勁。

（7）甲乙雙方提右腳向右前方上步，腳跟先著地，腳
尖上蹺，兩腳內側相對，相距 10～20 公分，上體正直稍右
轉，右手前伸相搭，手背相貼，手指斜向前，同時左手隨轉
體內旋，向下按至腹前，掌心向下，目視右手。（圖 7-8）

【意勁的運用】甲乙右轉搭手，手背相貼要有黏掤勁。

第 2 組　合步四正手

（1）雙　掤

甲乙雙方前腳掌踏實，兩膝微屈，左手前伸扶按於對方右肘部，各含掤勁。（圖 7-9）

【意勁的運用】甲乙雙方右手搭手後微內旋，將右臂掤圓，意想有一種外撐勁，左手抬起按在對方右肘部，掌心稍用勁。

（2）乙掤甲捋勢

乙右臂向前掤擊甲胸部；甲右手內旋，上體稍右轉，兩手向右捋乙右臂，使乙掤勢落空。（圖 7-10）

【意勁的運用】甲意想鬆腰鬆胯，身體立轉，右手內旋，隨轉體兩手向右，用捋勁捋乙右臂。

（3）乙擠勢

乙掤勢落空後右臂屈肘，向前平擠甲胸部，左手脫開甲

圖 7-9

圖 7-10

肘部按在右肘內側，與甲左手相接。（圖7-11）

【意勁的運用】乙意想右胯放鬆，右臂屈肘，右手微內旋，手背用擠勁向前平擠甲胸部。

（4）甲按勢

甲順乙勢身體左轉，同時兩手隨之向下，向前推按乙右臂，使乙擠勁落空。（圖7-12①②）

圖 7-11

圖 7-12①

圖 7-12②

圖7-13　　　　　　　　　　圖7-14

【意勁的運用】甲意想左膝向左與左腳垂直，增加下肢的穩定性，也是太極拳論中講的「圓襠開胯」。身體微向右轉正，右腳蹬地，勁上傳於腰，催動兩手向下、向前上推。

（5）乙以左手背掤接甲手，左肘部掤接甲右手，右手由下向右繞出扶於甲右肘部。重心移後移，右腿屈膝，身體略向左轉，左臂掤住甲按勢，向上、向左弧形引伸，雙方形成雙掤勢。（圖7-13、14）

【意勁的運用】乙意想左臂有向外的撐勁，右手向右繞時，要向上托，手內旋，再向前按，形成雙掤勢。

（6）甲掤勢

甲左手稍外旋，用左臂掤擊乙胸部，乙左手內旋，上體稍左轉，兩手向左捋甲左臂，使甲掤勁落空。（圖7-15）

【意勁的運用】甲用掤勁，左手外旋，手背和小臂外側用勁向前滾動掤出。

（7）甲擠勢

甲掤勁落空後左臂屈肘，向前平擠乙胸部，右手脫開了

圖 7-15

圖 7-16

乙肘部按在左肘內側與乙右手相接。（圖7-16）

【意勁的運用】甲意想鬆腰、鬆胯，左手稍內旋，手背和小臂外側用勁，向前平擠乙胸部。

（8）乙按勢

乙順甲勢向右轉體，用兩手向下，向前推按甲右臂，同時屈膝前弓。使甲擠勁落空。（圖7-17）

圖 7-17

【意勁的運用】乙意想鬆肩沉肘，坐腕，左腳蹬地勁上傳於腰，催動兩手向前向上推。

（9）雙掤勢

甲順乙勢，用右臂掤住乙兩手，左手由下向左繞出扶於乙右肘部，身體略向左轉，右腿稍屈，同時右臂向上，向右

圖 7-18

圖 7-19

弧形引伸，形成雙掤勢。（圖 7-18、19）

【意勁的運用】甲意想右臂掤勁不丟，左小臂貼乙右臂下側向外滾動，向上托，左手稍內旋，按乙右肘部形成雙掤勢。

分動（2）～（9）動作再重複做兩次。

從下一動開始，甲乙向相反的方向畫圈，動作手法與上勢相同，方向相反。意勁的運用同上。

（10）甲掤乙捋勢；動作與（2）相同，甲乙方向相反。（圖 7-20）

（11）甲擠勢，動作與（3）相同，甲乙方向相反。（圖 7-21）

圖 7-20

（12）乙按勢，動作與（4）相同，甲乙方向相反。

圖 7-21

圖 7-22

圖 7-23

圖 7-24

（圖 7-22）

（13）甲乙雙掤勢，動作與（5）相同，甲乙方向相反。（圖 7-23、24）

（14）乙掤甲捋勢，動作與（2）相同，甲乙左右相反。（圖 7-25）

圖 7-25

圖 7-26

圖 7-27

圖 7-28

（15）乙擠勢，動作與（3）相同，甲乙左右相反。
（圖7-26）

（16）甲按勢，動作與（4）相同，甲乙左右相反。
（圖7-27）

（17）甲乙雙掤勢，動作與（5）相同。甲乙左右相
反。（圖7-28、29）

圖 7-29

圖 7-30

分動（11）～（18）動作再重複做兩次。

第3組　合步單推手

1.平圓單推手

（1）甲乙左手鬆開，按至胯側。乙右手內旋，掌心貼扶在甲右腕外側，向甲胸掤按。（圖7-30）

圖 7-31

【意勁的運用】乙意想左臂鬆肩，沉肘，右手內旋，立掌，掌心用勁向前推按。

（2）甲順乙按勢，重心稍後移，上體微右轉，右手內旋，屈臂於右胸前，掌心扶貼在乙右手腕外側，掌指向上。（圖7-31）

圖 7-32　　　　　　　圖 7-33

【意勁的運用】甲意想左腿屈膝外展，左腳尖垂直，左胯放鬆，上體微右轉，右臂屈於右胸前。

（3）甲重心前移，右腿屈膝前弓，同時用右掌向前平推，按乙手至乙胸前；乙身體重心後移，右手回掤至胸前。（圖 7-32）

【意勁的運用】甲意想左腿屈膝，重心後移，右臂用掤勁承接甲的按勁至胸前。

（4）乙身體稍右轉，右手內旋，屈臂於右胸前，掌心扶按甲右腕外側；甲順乙勢，右手外旋前掤。（圖 7-33）

【意勁的運用】乙意想右胯放鬆，身體微右轉，右手內旋，隨轉體向右屈於右胸前。

（5）乙身體重心前移，右腿屈膝前弓，同時用右掌向前平推，按甲手至甲胸前。（圖 7-34）

【意勁的運用】乙意想右腿屈膝前弓，右手掌心用勁向前推按，同時帶動上體，重心移至右腿；甲意想左腿屈膝外展，重心後移，同時右手回掤至胸前。

圖 7-34　　　　　　　　　　圖 7-35

（6）甲身體稍右轉，右手內旋向右屈肘至右胸前；乙
順甲勢，右手外旋前掤。（圖 7-35）

【意勁的運用】甲意想右胯放鬆，身體微右轉，右手內
旋沉肘，隨轉體向右屈於右胸前。

分動（2）～（6）動作，再重複做兩次，意勁運用同
上。

2. 立圓單推手

（1）甲右手向下採按乙右手腕至腹前，左手掌向乙面
部伸推，重心隨之前移，左腳提起向前上步；乙右手隨甲下
採，重心後移，右腳提起向後撤步，同時用左手承接甲左手
並向左側引化。（圖 7-36、37）

【意勁的運用】甲意想右手內旋屈指，手指用勁向下採
乙手至腹前。右手抬起用指尖向乙面部伸插；乙意想左手抬
起用引化勁接引甲左手。

（2）立圓單推手的第一圈從這一勢開始。乙左手內旋

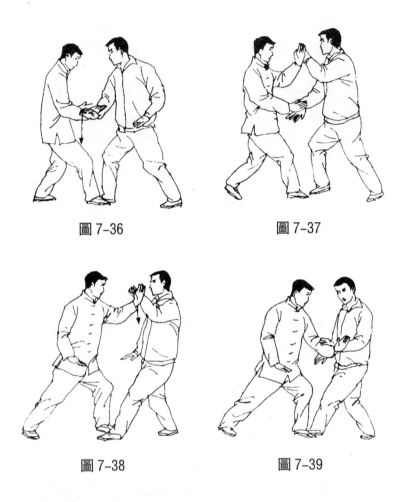

圖 7-36

圖 7-37

圖 7-38

圖 7-39

扶按在甲左手腕上，沿體側向下按至左胯前；甲左手隨乙勢
至左胯前。（圖 7-38、39）

　　【意勁的運用】甲意想繼續向前用勁；乙用引勁，順甲
勁向左後引；甲知身體失重，意想向回收手；乙隨甲勢後手
內旋，按甲腕沿體側至左胯前。

　　（3）乙按甲手向下、向前，向甲腹部推按，重心前

移。左腿隨之屈膝前弓；甲右腿屈膝，重心後移，同時左手循弧線向左引乙手至左胯前。（圖7-40）

【意勁的運用】甲意想右腿屈膝外展，身體後移，微左轉，左手向左胯側引化乙的按勁；乙意想左腿屈膝前引，左手用按勁向甲腹部推按。

圖7-40

（4）甲右手微內旋，帶乙手沿體側向上提至頭部左前側，重心前移，左腿屈膝前弓，同時左手內旋，掌心貼扶乙左手腕，向下採至腹前。（圖7-41、42）

【意勁的運用】甲意想左手內旋屈指，採乙左腕至腹前；乙意想左手放鬆隨甲採勢至腹前。

分動（2）～（5）動作，再重複做兩次。意勁的運用同上。

圖7-41

圖7-42

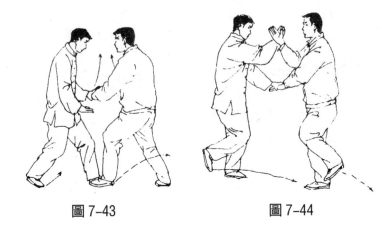

圖 7-43   圖 7-44

3. 折疊單推手

（1）甲左手按乙左手在腹前，重心前移，提起右腳向前上步，右手前伸；乙重心後移，提起左腳，向後撤步，同時右手前伸掤接甲之右手，兩手背相貼，手指斜向前，左手鬆開下按至胯側。（圖 7-43、44、45）

【意勁的運用】甲左手微向右捋，意想左腳尖外擺，重心移至左腿，右腳向前上步，右手抬起，指尖用勁向乙面部伸插；乙意想重心後移，隨甲勢提起，左腳向後撤步，同時右手用掤承接甲右手。

（2）甲右手內旋，掌心反向下，同時向乙腹部伸插；乙右手隨甲轉動，外旋，掌心反向上，向右胯側引化甲右手至胯前。（圖 7-46）

【意勁的運用】甲意想繼續向乙面部伸插；乙右手用掤勁，然後手外旋，用手背壓甲手背向下；甲順勢用按勁向乙腹部插按。

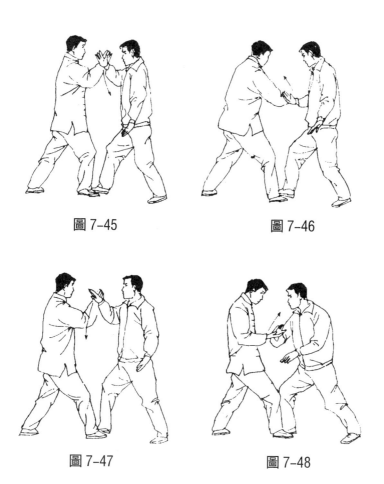

圖 7-45

圖 7-46

圖 7-47

圖 7-48

（3）乙右手內旋，循弧線向上，伸插甲面部，重心前移，右腿前弓；甲用右手，重心後移，上體微右轉，將乙右手弧線引化至右胯側，掌心向上壓乙手背。（圖7-47、48）

【意勁的運用】乙意想右胯放鬆，右手用掤採勁黏住甲右手向下、向右、向上弧線至右肩前，同時內旋屈肘；甲意

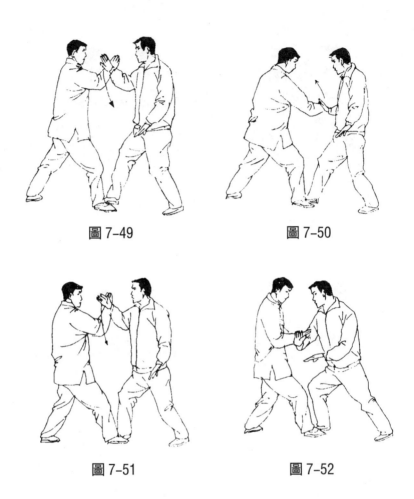

圖 7-49　　　　　　　　　　圖 7-50

圖 7-51　　　　　　　　　　圖 7-52

想掤隨乙手並隨之外旋壓在乙手背上向下沉壓。

　　（4）甲右手內旋弧線上提，以右掌指伸插乙面部，重心前移，右腿屈膝前弓；乙重心後移，左腿屈膝，上體右轉，用右手向右引化。（圖 7-49）

　　【意勁的運用】乙意想右手掤隨甲右手向前、向下、向上，在甲體側畫弧至面前。

圖 7-53 圖 7-54

（5）乙右手外旋，掌背壓甲右掌背向右、向下引甲手
至右胯前，掌心向上。（圖 7-50）

【意勁的運用】乙意想右胯放鬆，右手外旋，手背壓於
甲手背上，向下沉壓至右胯側。

（6）與分動（3）動作相同。（圖 7-51、52）

分動（4）～（6）動作再重做一次。意勁的運用同上。

第 4 組 合步雙推手

1. 平圓雙推手

（1）甲右手內旋，掌心按在乙右手腕上，同時右手扶
於乙右肘部，兩手向前推按；乙以右臂掤勁承接甲按勁，回
掤至胸前，左手扶按在甲右肘部，左腿屈膝，重心後移，身
體微右轉，右手內旋，兩手向右引甲右臂；甲身體微左轉，
右手外旋前掤。（圖 7-53、54）

圖 7-55　　　　　　　　　　圖 7-56

（2）乙兩手向下、向前推按甲右臂至甲胸前；甲左腿屈膝後坐，右臂回掤至胸前。（圖 7-55）

（3）甲右手內旋，身體微右轉，兩手按乙右臂再向前推按至乙胸前；乙身體微右轉，右手內旋，掌心貼甲手腕。（圖 7-56、57）

分動（1）～（3）動作，再重複做兩次。平圓雙推手意勁的運用參看合步單推手中的意勁運用。不同的是一個是單手一個是雙手，雙推手的另一隻手一般為輔助手，變化不大，一般都隨主動手用勁的方向用勁。

2. 立圓雙推手

（1）乙右手採甲手腕至腹前，左手脫開甲右肘部，向甲面部伸推；甲右手隨乙下落至腹前，左手脫開乙肘部向前與乙左手相接。（圖 7-58）

（2）乙重心前移至右腿，左腳提起；甲重心後移至左腿，右腳提起向後落步，重心隨之後移，上體微左轉，右手

圖 7-57　　　　　　　　　　　圖 7-58

圖 7-59　　　　　　　　　　　圖 7-60

脫開扶按在乙左肘部，隨轉體兩手向左、向上挒採乙左臂至頭側；同時，乙左腳向前上步，與乙左腳內側相對，隨之屈膝前弓，右手脫開扶在甲左肘部，兩手同時向前推按至甲頭部左側。（圖 7-59、60）

　　（3）甲右手微內旋扶乙腕，沿體側弧線下按至左胯側，循下弧線向前推按乙腕至左胯側；乙隨甲勢，下落至甲

圖 7-61

圖 7-62

圖 7-63

圖 7-64

左胯側，再隨甲按勢，重心後移至右腿，身體微左轉，兩手
向左胯側引化。（圖 7-61、62）

　（4）乙隨甲勢將左手循弧線上提至左肩前側，用左掌
向甲面部伸推；甲順乙勢，沿乙體側上提至乙肩前，隨乙伸
推，甲重心再後坐，上體微左轉，兩手同時向左側引化至頭
部左前側。（圖 7-63、64）

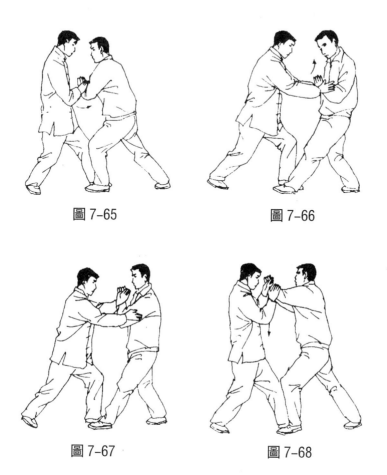

圖 7-65　　　　　　　　　　圖 7-66

圖 7-67　　　　　　　　　　圖 7-68

　　（5）與分動（3）動作相同。（圖 7-65、66）

　　（6）與分動（4）動作相同。（圖 7-67、68）

　　分動（5）～（6）動作，再重複做一次。立圓雙推手參看立圓單推手意勁的運用，不同的是一個單手一個是雙手，一般以主手為主，輔助手協助主動手完成動作。

圖 7-69　　　　　　　　　圖 7-70

3. 折疊雙推手

（1）乙左手內旋扶按甲手腕向下採按至腹前，右手脫開甲左肘部舉至體前；甲右手脫開乙左肘部舉至體前。（圖7-69）

（2）乙重心移至左腿，右腳提起，左手採按甲左手腕，右掌伸推甲面部，重心移至右腿，左腳提起，甲用右手承接乙右手，甲乙右手腕交叉相搭。（圖7-70）

（3）甲左腳向後撤步，重心移至左腿，上體微右轉，左手脫開乙左手扶在乙右肘部。右手外旋屈肘，掌心向上手背貼在乙手背上，向下循弧線沉壓乙右手至右胯前，左手扶於甲右肘部，右腳向前上步至甲右腳內側，重心前移，右腿屈膝前弓。（圖7-71、72）

（4）甲右手內旋循弧線上提向乙面部伸插，重心前移，右腿屈膝前弓；乙隨勢重心後移，以右手承接甲右手，上體右轉，右臂外旋屈肘，右手掌心向上，手背貼在甲右手

圖 7-71

圖 7-72

圖 7-73

圖 7-74

背上，向下循弧線沉壓甲右手至右腹前，雙方左手均扶於對方右肘部。（圖7-73、74）

（5）乙右手循弧線上提向甲面部伸插，重心前移，右腿屈膝前弓；甲隨乙勢重心後移，左腿屈膝，以右手承接乙右手，上體右轉，右手外旋屈肘，掌心向上，手背貼在乙右手背上，向下弧線沉壓乙右手至右胯前，雙方左手均扶於對

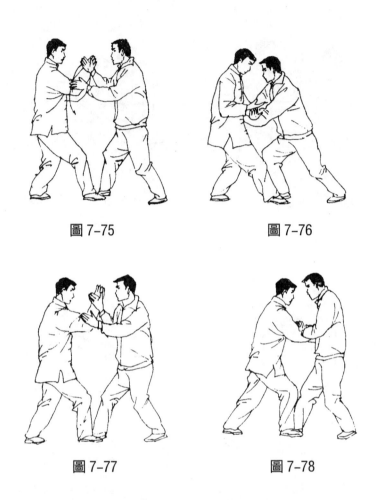

圖 7-75

圖 7-76

圖 7-77

圖 7-78

方右肘部。（圖 7-75、76）

（6）甲右手內旋循弧線上提向乙面部伸插，重心前移，右腿屈膝前弓；乙隨甲勢，重心後移，左腿屈膝，以右手承接甲右手，上體微右轉，右手外旋屈肘，掌心向上手背貼在甲右手背上，向下循弧線沉壓甲右手至右胯前，雙方左手均扶於對方右肘部。（圖 7-77、78）

圖 7-79　　　　　　　　圖 7-80

分動（5）～（6）動作，再重複做一次。折疊雙推手參看折疊單推手意勁的運用。不同的是前者單手完成動作，後者是雙手完成動作。其輔助手的用勁方向與主動手的用勁方向是一致的。

4. 開合雙纏臂

（1）乙右手內旋循弧線向上提向甲面部伸插，重心前移，右腿前弓；甲隨勢重心後移，左腿屈膝，以右手承接乙右手，上體微右轉，右手外旋屈肘，掌心向上手背貼在乙手背上，向下循弧線沉壓乙手至右腹前。雙方右手均扶於對方右肘部。（圖 7-79、80）

【意勁的運用】甲意想右胯放鬆，右手外旋屈肘下壓，將乙兩手壓至右胯旁；乙意想兩手黏隨甲右臂至甲胯旁。

（2）乙左手脫開甲右肘部經甲右前臂上側繞至甲右前臂內側，同時右手繞至甲左臂內側，兩臂向腹前伸；甲兩手亦向腹前下伸，形成甲乙兩臂互相黏貼交叉於腹前。（圖

圖 7-81　　　　　　　　　　圖 7-82

7-81）

　　【意勁的運用】甲意想用兩手壓住乙兩臂；乙左手貼甲
右臂向內繞，右手貼甲左臂從外側向內繞，當兩手繞至內側
時向前下插掌；甲同時用合勁，兩臂向內合。

　　（3）乙兩手外旋，掌心向上，屈肘以前臂向外、向上
托起甲臂；甲手外旋，掌心向上，前臂黏貼在乙前臂上。
（圖 7-82）

　　【意勁的運用】乙意想兩肘下沉，兩手外旋，手指用勁
向上領起，向上托掤甲兩手。

　　（4）乙重心移至右腿，左腳提起，兩手繼續向上、向
內，以手腕為黏接點掤合甲前臂於面前，掌心斜相對；甲重
心移至左腿，右腳提起，兩臂亦黏隨乙臂向上，向內合，掌
心斜相對。（圖 7-83）

　　【意勁的運用】乙意想身體重心移至右腿，左腳提起，
兩手向上托起，邊托兩手邊向內合勁；甲提右腳，同時兩手
黏隨乙兩臂向上，要有向外的撐勁。

圖 7-83

圖 7-84

（5）甲右腳向後撤步，重心移向右腿，屈膝；乙左腳向前上步至甲左腳內側，重心移至左腿，屈膝前弓，同時兩手內旋，以掌、腕向內、向下翻壓甲前臂於腹前；甲兩臂亦順勢內旋向下黏隨乙臂於腹前。（圖7-84）

圖 7-85

【意勁的運用】乙兩手用勁向內向下按，左腳向前上步，然後手再向外撐；甲意想鬆右胯落步，兩手隨之向下向內掤合。

（6）甲乙動作與分動（3）相同，唯進退步各自左右相反。（圖7-85）

（7）甲乙動作與分動（4）相同，唯進退步各自左右相反。（圖7-86）

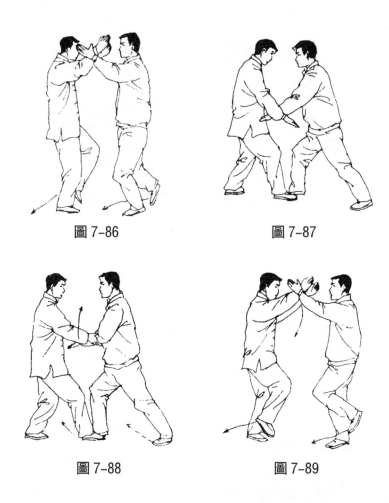

圖 7-86

圖 7-87

圖 7-88

圖 7-89

（8）甲乙動作與分動（5）相同，唯進退步各自左右相反。（圖7-87）

（9）甲乙動作與分動（3）相同。（圖7-88）

（10）甲乙動作與分動（4）相同。（圖7-89）

（11）甲乙動作與分動（5）相同。（圖7-90）

圖 7-90

圖 7-91

5. 合步交叉纏臂

（1）甲重心前移，左腿屈膝前弓，右手向上、向左、向乙面部拍擊；乙重心後移，右腿屈膝坐胯，同時用左前臂內側黏隨甲右臂。（圖7-91）

【意勁的運用】甲意想左胯放鬆，右手外旋，用手掌向乙面部擊拍；乙身體重心後移，左手臂黏隨甲右臂向上向左繞化開甲右手。

圖 7-92

（2）乙重心移至右腿，左腳提起，右臂內旋屈肘向右，向下按壓甲右臂，使甲右手拍擊落空，同時右手向上掤托甲左臂；甲隨乙勢，重心移至左腿，右腳提起，兩臂沾黏乙兩臂。（圖7-92）

圖 7-93　　　　　　　　　　圖 7-94

【意勁的運用】甲意想身體重心移至左腿，右腳提起；乙重心移至右腿，左手用捋勁向內合。

（3）乙左腳向後撤步，重心偏於左腿，左前臂繼續向下按壓並繞纏至甲右臂內側，向外撐勁；甲順勢右腳向前上步至乙右腳內側，重心偏於右腿，同時左掌向上，向右向乙面部拍擊；乙重心後移，身體後坐，用右前臂內側黏隨甲左前臂。（圖 7-93）

【意勁的運用】甲右腳向前上步，意想左手向乙面部擊拍；乙意想左胯放鬆，左手向內捋向下按，右臂黏隨甲右手向上。

（4）甲乙動作與分動（2）相同，唯上下動作各自左右相反。（圖 7-94）

（5）甲乙動作與分動（3）相同，唯上下動作各自左右相反。（圖 7-95）

（6）甲乙動作與分動（2）相同。（圖 7-96）

（7）乙左腳向後撤步，兩腿屈膝，重心偏於右腿，右

圖 7-95

圖 7-96

圖 7-97

前臂內旋向下按壓並纏繞至甲右臂內側向外撐勁，右前臂向
外、向上掤起甲左臂，並經甲前臂下繞至外側；同時，甲右
腳向前上步，落於乙右腳內側，重心偏向右腿，兩臂黏隨乙
前臂。（圖 7-97）

第5組　繞步纏臂採靠

（1）甲上體左轉，右手向下、向左、向上掤起乙左臂，手背黏貼乙右前臂下，左手掤住乙右前臂；乙上體右轉，左手扶於甲右前臂外側。（圖7-98）

【意勁的運用】甲右手內旋用掤勁，向左、向上掛掤乙右手腕。

（2）甲右手向上掤架乙右手。甲乙兩手腕交叉相搭，雙方左手均下按於左胯側，同時甲乙右腳提起。（圖7-99）

【意勁的運用】甲乙右腳提起意想踩踏對方右腳，兩手腕側黏貼對方，兩臂用掤勁。

（3）甲右手內旋向右、向下繞纏至腹前。同時甲乙右腳外擺向右前落步，上體微右轉。（圖7-100）

【意勁的運用】甲乙右腳落地，踩在對方提腳處。甲右

圖 7-98

圖 7-99

圖 7-100

圖 7-101

手指用勁向下後、向下纏乙腕。

（4）甲乙左腳向前上步內扣落於右腳內側，上體微右轉胸部斜相對。同時甲手不停，繼續向前、向上掛掤乙手腕，兩手腕交叉相搭。（圖7-101）

圖 7-102

【意勁的運用】甲意想繞到對方背後，左腳向前扣步，身體右轉。甲右手繼續向上纏繞。

（5）甲右手握乙右手腕向下採至腹前，同時甲乙右腿屈膝提起。（圖7-102）

【意勁的運用】甲右手內旋握乙手腕用採勁，向下採至腹前。

（6）甲右腳向前上步，重心前移，右腿屈膝前弓，右

手隨之前推至右膝前，同時用右肩靠擊乙胸部；乙重心前移，右腳向前上步，落在甲右腳外側，腳尖外擺，上體右轉，化開甲肩靠勁，左手扶按甲右肩後部使甲靠勁落空。（圖7-103）

【意勁的運用】甲採勁落空後，意想用右肩靠乙胸部，向前上步靠乙胸；乙同時上步擺腳，身體向右轉化開甲的靠勁，用左掌按甲右肩後。

注意：以上甲乙向右繞步，以下向左繞步。

（7）甲右手指伸展向前，向上托起乙右手腕，右手內旋，兩手腕黏貼滾動。同時甲乙重心移至左腿，右腳提起，甲乙左手提起放於腰間。（圖7-104、105）

【意勁的運用】甲右手虎口用勁托乙腕，同時右腿提起，然後手

圖7-103

圖7-104

圖7-105

內旋架乙腕，意想用左手掌握按乙胸部；乙同時身體右轉，右腿屈膝提起，右臂用掤勁掤住對方。

（8）甲右腳向右落步，左手向乙胸部推掌；乙右腳向右落步，左手前伸用手腕掤接甲左手腕部，兩手腕交叉相搭。甲乙右手脫開向右自然伸展。（圖7-106）

【意勁的運用】甲意想右腳向右側上步，左掌用按勁向乙胸部推按；乙右腳向右側上步，同時左手向前伸，用掤勁承接甲左手的按勁。

（9）甲乙左手相搭，左臂用掤勁向上架起，同時雙方重心移至右腿，左腳提起，右手均按於右胯旁。（圖7-107）

圖 7-106

圖 7-107

圖 7-108

圖 7-109

【意勁的運用】與第（2）動相同，甲乙相反。

（10）乙左手外旋向後、向下掛甲臂至腹前；甲左手黏隨乙手至腹前。同時甲乙左腳外擺向左前上步，上體微左轉，右手均按於右胯旁。（圖7-108）

【意勁的運用】與第（3）動相同，甲乙相反。

（11）甲乙右腳向前上步內扣落於左腳內側，身體微左轉，胸部斜相對；同時，乙左手繼續向前，向上掛掤甲左手，兩手腕交叉相搭，右手均按於右胯旁。（圖7-109）

【意勁的運用】與第（4）動相同，甲乙相反。

（12）乙左手屈指握甲手腕向下採至腹前。同時甲乙右腿屈膝上提。（圖7-110）

【意勁的運用】與第（5）動相同，甲乙相反。

（13）乙左腳向前上步，左手握甲腕向前推，重心前移，左腿屈膝前弓，用右肩靠擊甲左胸部；甲順勢身體左轉，左腳外擺向前上步，閃開乙左肩靠勁，右手扶按乙左肩後部，使靠勁落空。（圖7-111）

圖 7-110

圖 7-111

【意勁的運用】與第（6）動相同，甲乙相反。

第6組　合步四正手

（1）甲乙右腳向左前方繞步，身體隨之向左轉 180度，左腳掌展轉踏實腳內側相對成合步，重心後移，右腿屈膝。同時甲乙右手向上在胸前手腕相搭，右手扶於對方左肘部，兩手形成雙掤勢。（圖 7-112、113）

【意勁的運用】甲乙意想繞到對方背後，右腳提起向前上步扣腳，身體左轉。乙左手向前上托甲腕；甲左手外旋沉肘，掤勁掤住乙手。

（注：以下為側面圖示。下面動作的意勁運用與前面相同，參看前面合步四正手。）

（2）乙掤勢。乙雙手承甲左手掤勁，左手內翻，手掌貼於甲左腕處，右手扶於甲左肘部，順甲掤勁重心後移，上體左轉，兩手向左引甲左臂，形成掤勢；甲隨乙掤勢重心前

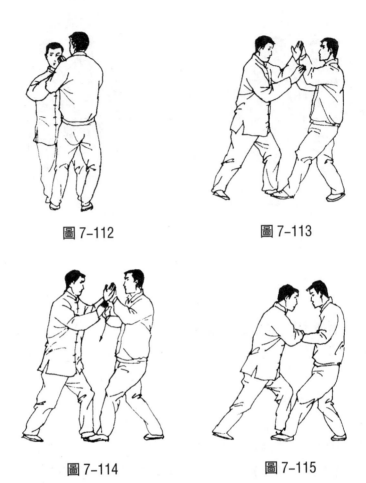

圖 7-112

圖 7-113

圖 7-114

圖 7-115

移，左腿屈膝前弓，上體微右轉，右手脫開乙左肘部，扶於左前臂內側。（圖 7-114）

（3）甲擠勢。甲順乙捋勢，上體向左轉，以左前臂平擠乙胸部，使乙兩手迫於胸前。（圖 7-115）

（4）乙按勢。乙順甲擠勢，重心前移，左腿屈膝前弓，同時兩手向前、向下推按甲左臂，使甲勁落空；甲重心

圖 7-116

圖 7-117

圖 7-118

後移，右腿屈膝後坐。（圖 7-116）

（5）甲用右臂掤接乙按勁，左手由下向右繞擊扶於右肘部，上體略右轉，右臂向上，向右弧形伸掤乙右臂，雙方形成搭手掤勢。（圖 7-117、118）

（6）甲捋勢。甲兩手將乙右臂後引，同時右手內旋，手掌貼於乙右腕處，順乙掤勢，重心後移，上體右轉，兩手

圖 7-119

圖 7-120

向右後方将乙右臂，形成将
勢；乙隨用将勢重心前移，左
腿屈膝前弓，上體稍左轉，左
手脫開甲肘部，扶於右前臂內
側。（圖7-119）

（7）乙擠勢。乙順勢上
體右轉，以右前臂掤擠甲胸
部，使甲兩手迫於胸前。（圖
7-120）

圖 7-121

（8）甲按勢。甲順乙擠
勢，上體稍左轉，重心前移，左腿屈膝前弓，同時兩手向
下、向前推按乙右臂，使乙擠勁落空；乙重心後移，右腿屈
膝稍後坐。（圖7-121）

（9）乙用右臂掤接甲按勁，右手由下向右繞出扶於甲
左肘部，上體略左轉，左臂向上、向左循弧線引伸掤甲左
臂，雙方形成搭手掤勢。（圖7-122、123）

圖 7-122

圖 7-123

分動（1）～（9）動作再重複做兩次。

第7組　活步四正手

1. 甲進三乙退三（側面圖示）

（1）乙雙手承甲左手掤勁，左手內旋，手掌貼於甲左手腕處，右手扶於甲左肘部，順甲掤勁重心後移，上體左轉，兩手向左引甲左臂，形成捋勢；甲隨乙捋勢重心前移，左腿屈膝前弓，上體稍右轉，右手托開乙肘部附於左前臂內側。（圖7-124）

圖 7-124

圖 7-125　　　　　　　　圖 7-126

（2）甲順勢上體向左轉，以左前臂平擠乙胸部，迫使乙兩手被擠於胸前；乙順甲擠勢，上體微右轉，重心前移，同時兩手向下、向前推按甲左臂，使甲擠勁落空。（圖 7-125、126）

【意勁的運用】甲知掤勁落空，意想換勢攻乙胸部，左臂屈肘，用擠勁平擠乙胸部，右手按在左肘內側助力；乙意想含胸，雙手用按勁，先向下按再向前按。

（3）甲用左臂掤接乙按勢，左手由下繞出扶於乙右肘部。（圖 7-127）

【意勁的運用】甲右臂掤住乙的按勁，左手外旋貼乙右臂下向外繞時，左臂掤勁不能丟，手指仍然向前領勁。

（4）甲重心移至右腿，左腳提起，同時右臂向上、向右循弧線引伸掤起乙右臂；乙隨勢重心移至左腿，右腳提起，左手黏隨甲左肘，右手掤接甲右手腕，相搭成掤勢。（圖 7-128）

【意勁的運用】甲意想將乙捋起，右手內旋，左手托乙

圖 7-127

圖 7-128

肘向上，同時沉肘手由肘下向肘外側滾動，兩手同時向右捋乙右臂，抬左腿；乙隨甲捋，右手微外旋前掤，重心前移，右腿隨之提起。

（5）乙右腳向後撤步，重心偏於右腿；甲左腳向前上步落於乙左腳內側，兩手向右、向下、向前按乙右臂；同時，乙用右前臂承接甲按勁，

圖 7-129

左手脫開甲右肘部附於右前臂內側。（圖 7-129）

【意勁的運用】甲意想左腿放鬆向前上步，兩手用勁向下、向前按乙右臂；乙意想右腿放鬆向後落步化解甲的進步，同時右臂屈肘掤於胸前。

（6）乙用左臂掤接甲按勁，右手向下、向右繞出扶於甲左肘部，左臂向上、向左循弧線引伸掤起甲左臂，同時重

圖 7-130

圖 7-131

心移至右腿，左腳提起；甲隨勢重心移至左腿，右腳提起，右手黏隨乙左肘，左手掤接乙左手腕，相搭成掤勢。（圖7-130、131）

【意勁的運用】甲意想用按勁將乙按出；乙意想化開甲掤勁，右手外旋貼甲左臂下側向外滾動，左手內旋沉肘向左将甲左臂，同時左腿提起。

（7）乙左腳向後撤步，重心偏於左腿；甲右腳向前上步落於乙右腳內側，右手脫開乙左肘附於左前臂內側，向乙胸部平擠；乙以兩手向左、向下、向前推按甲左臂。（圖7-132）

【意勁的運用】乙意想用将勁將甲将出；甲右腳向前上步緩解乙的将勁；乙右腳向左後落步，兩手由将勁變按勁，後撤步同時兩手向前按推。

（8）甲乙動作同分動（3），唯雙方兩腳前後相反。（圖7-133）

（9）甲乙動作同分動（4）。（圖7-134）

圖 7-132

圖 7-133

圖 7-134

圖 7-135

（10）甲乙動作同分動（5）。（圖7-135）

2. 甲進三乙退二（側面圖示）

（1）乙右手脫開甲右手，向下、向右繞擊扶於甲左肘部，用左前臂承接甲兩手按勁。（圖7-136）

圖 7-136

圖 7-137

【意勁的運用】乙意想用左臂掤住甲的按勢。右手外旋貼甲左臂下側向外滾動，右臂掤勁不丟，手指仍向前領勁。

（2）乙兩手向上、向左起甲左臂，同時右腳提起；甲兩手黏隨乙左臂形成掤勢。（圖7-137）

圖 7-138

【意勁的運用】乙左手內旋沉肘，兩手同時向左将甲左臂，隨之左腳提起。

（3）乙左腳向前上步落於甲左腳內側，上體微左轉，兩手向左、向下将按甲左臂；甲右手脫開乙左肘，附於左臂內側承接乙按勁。（圖7-138）

【意勁的運用】乙意想左腳踩踏甲左腳，並用按法將甲按出（僅是假設，在實踐中不能真踩）。乙左腳落在甲左腳

圖 7-139

圖 7-140

外側，兩手由挒變為按勁。

（4）甲左手脫開乙左手，向左、向下繞出扶於乙右肘部，用右前臂承接乙按勁。（圖 7-139）

【意勁的運用】甲用右臂掤住乙的按勁，左手外旋貼乙右臂下側向外滾動。

（5）甲左腳提起，兩手向上、向右掤挒乙右臂；乙右腳提起，兩手黏隨甲右臂形成掤勢。（圖 7-140）

【意勁的運用】與甲進三乙退三的第（4）動相同，唯有甲乙相反。

（6）甲左腳向後撤步；乙右腳向前上步落於甲右腳內側，乙左手脫開甲右肘部附於右臂內側，上體右轉，向前平擠甲胸部；甲隨乙擠勢重心後移，兩手向下，向前推按乙右臂。（圖 7-141）

【意勁的運用】與甲進三乙退三第（5）動相同。

（7）乙右手脫開甲右手，向右、向下繞擊扶於甲左肘部，用左前臂承接甲按勁。（圖 7-142）

圖 7-141

圖 7-142

【意勁的運用】與甲進三乙退三的第（6）動相同。

（8）乙左腳提起，兩手向上、向左挪起甲左臂；甲右腳提起，兩手黏隨乙左臂形成雙挪勢。（圖 7-143）

圖 7-143

【意勁的運用】與甲進三乙退三的第（6）動相同。

（9）甲右腳向後撤步；乙左腳向前上步落於甲左腳內側，兩手向左、向下将按甲左臂；甲右手脫開乙左肘附於左臂內側，上體微左轉承接乙按勁。（圖 7-144）

【意勁的運用】與甲進三乙退三的第（7）動相同。

3. 乙進三甲退三（側面圖示）

（1）甲右手脫開乙右手，向下、向右繞出扶於乙左肘

圖 7-144

圖 7-145

圖 7-146

圖 7-147

部，用左前臂承接乙兩手按勁。（圖 7-145）

（2）甲兩手向上，向左掤起乙左臂，雙方形成掤勢。（圖 7-146）

（3）甲承乙左臂掤勁，左手內旋掌心貼於乙左手腕上，上體微左轉，兩手向後，向左将乙左臂；乙上體右轉，右手脫開甲肘部附於左前臂內側。（圖 7-147）

（4）乙上體左轉，右手扶於左前臂內側向前平擠甲胸部，甲順勢上體右轉，兩手向下按乙左臂。（圖7-148）

（5）乙左手脫開甲左手，向下、向左繞出扶於甲右肘部，左前臂承接甲兩手按勁。（圖7-149）

（6）乙重心移至右腿，左腳提起，同時兩手向上、向右掤起甲右臂；甲隨勢重心移至左腿，右腳提起，左手扶於乙右肘部，右手黏隨乙右手形成雙掤勢。（圖7-150）

（7）甲右腳向後撤步；乙左腳向前上步落於甲左腳內側，兩手向右、向下、向前推按甲右臂；同時，甲左手脫開乙右肘附於右前臂內側承接乙按勁。（圖7-151）

（8）甲上體稍右轉，右手脫開乙右手向下、向右繞

圖 7-148

圖 7-149

圖 7-150

出，扶於乙左肘部，用左前臂承接乙按勁。（圖7-152）

（9）甲兩手向上、向左掤起乙左臂，同時重心移至右腿，左腳提起；乙隨勢重心移至左腳，右腳提起，右手扶於甲左肘部，右手黏隨甲左手，形成雙掤勢。（圖7-153）

（10）甲左腳向後撤步；乙右腳向前上步落於甲右腳內側，上體稍左轉，右手脫開左肘扶於左前臂內側向前平擠甲胸部。（圖7-154）

圖7-151

圖7-152

圖7-153

圖7-154

圖 7-155

圖 7-156

（11）乙左手脫開甲左手，向下、向左繞出扶於甲右肘部，右前臂承接甲兩手按勁。（圖 7-155）

（12）甲乙動作同分動（6）。（圖 7-156）

（13）甲乙動作同分動（7）。（圖 7-157）

4.甲進三乙退三（側面圖示）

（1）甲右手脫開乙右手，向下、向右繞出扶於乙左肘部，用左前臂承接乙兩手按勁。（圖 7-158）

（2）甲兩手向上，向左掤起乙左臂，同時重心移至右腳，左腳提起；乙隨勢重心後移，兩手黏隨甲左臂，形成雙掤勢。（圖 7-159）

（3）甲左腳向前上步落

圖 7-157

圖 7-158

圖 7-159

圖 7-160

圖 7-161

於乙左腳外側,上體稍左轉,兩手向左、向下捋按乙左臂;乙右手脫開甲左肘,扶於左臂內側,承接甲按勁。(圖7-160)

(4)乙上體稍左轉,左手脫開甲左手向左、向下繞擊扶於甲右肘部,用右前臂承接甲兩手按勁。(圖7-161)

(5)乙重心移至右腿,右腳提起,兩手向上、向右掤

圖 7-162

圖 7-163

起甲右臂；同時，甲隨勢重心
移至左腿，右腳提起，兩手黏
隨乙左臂，形成雙掤勢。（圖
7-162）

（6）乙左腳向後撤步；
甲右腳向前上步落於乙右腳內
側，左手脫開乙右肘部附於右
臂內側，上體稍右轉，用右前
臂向右、向下、向前平擠乙胸
部；乙順勢重心後移，兩手向
下按甲右臂。（圖 7-163）

圖 7-164

（7）甲右手脫開乙右手，向下，向右繞出扶於乙左肘
部，用左前臂承接乙兩手按勁。（圖 7-164）

（8）甲重心移至右腿，左腳提起，兩手向上，向左掤
起乙左臂；乙隨勢重心移至左腿，右腳提起，兩手黏隨甲左
臂，形成雙掤。（圖 7-165）

圖 7-165　　　　　　　　　　圖 7-166

（9）乙右腳向後撤步；甲左腳向前上步落在乙左腳內側，上體稍左轉，左手內翻，掌心貼於乙左手腕向左、向下、向前按乙左臂。（圖7-166）

第8組　大　将

（1）乙右手脫開甲左手向下、向左繞出扶於甲右肘部，右前臂承接甲兩手按勁。（圖7-167）

【意勁的運用】乙用右臂掤住甲的按勁，左手外旋貼甲右臂下向外滾動。

（2）乙兩手向右、向上掤起甲右臂，右腳上步於左腳內側，併步直立，兩手黏隨乙

圖 7-167

圖 7-168①   圖 7-168②

右臂,形成雙掤勢。(圖 7-168①,圖 7-168②為正面圖)
(註:以後改為正面圖示。)

【意勁的運用】乙意想身體重心前移,右手內旋沉肘,左手托乙肘向外滾動按甲右肘外側,與右手同時向右捋;甲順乙捋勢向前併步,同時右手外旋前掤,形成併步雙掤勢。

(3)甲右手貼乙腕內旋握乙右手腕,左手外旋,小臂貼乙肘上,右腳向左後撤步,上體右轉,同時兩手順勢捋乙右臂;乙隨甲勢右腳向前上步,重心前移。(圖 7-169)

【意勁的運用】甲意想身體右轉,右腳向左後撤步,同時右手採乙右手腕,左小臂貼乙右肘外側微外旋,沉肘用捋勁捋乙右臂;乙右腳向前上步,右臂前伸微含掤勁。

圖 7-169

圖 7-170① 圖 7-170②

（4）甲左腳向右後叉步，兩手繼續掤乙右臂；乙順甲掤勢左腳向前上步。（圖7-170）

【意勁的運用】甲撤步同時掤勁不丟；乙上步，右臂仍含掤勁。

（5）甲右腳向右後撤步，向右掤乙右臂；乙隨甲掤勢右腳向甲左腳內側（襠間）插步，成半馬步，同時右臂屈肘下沉以肩臂靠擊甲胸部，左手置於右大臂內側；甲隨勢重心下降成半馬步，左前臂內旋化開乙靠勁，右手採住乙右手腕。（圖7-170①、②）

【意勁的運用】甲用掤勁繼續向後撤步；乙右腳向前上步，右手內旋向前上步，右手內旋向前用擠靠勁；甲右手稍向下採，右臂沉肘，身體微右轉用掤勁擊乙右臂。

（6）甲右手內旋按乙臂向下，右手向乙面部推掌，身體稍左轉；乙右臂屈肘，手向上接甲右手，重心移至左腿，身體右轉，右腳提起，同時右手內旋握甲右手腕，左手扶甲右肘部；甲順勢重心移至左腿，右腳提起，左手自然下落。

圖 7-171

圖 7-172

（圖 7-171、172）

【意勁的運用】甲意想按乙大臂，右手鬆開向乙面部推按；乙意想鬆右胯，右臂沉肘，右手向上內旋接甲右腕，身體右轉提右腳，左手向前扶按甲右肘外側。

（7）乙腳向左後撤步，重心移向右腿，兩手向右捋甲右臂；甲隨捋勢，右腳向前上步，落於乙左腳內側，重心偏於右腿。（圖 7-173）

【意勁的運用】乙意想右腳向左後撤步，兩手向右捋甲右臂；甲隨乙捋勁右腳向前上步，右臂前伸，含有掤勁。

（8）乙左腳向右腳後叉步，兩手繼續向右捋甲右臂；甲順乙捋勢，左腳向前上步。（圖 7-174）

【意勁的運用】乙用捋勁繼續向後撤步；甲右腳向前上步，右臂仍含掤勁。

（9）乙右腳繼續向右後撤步，向右捋甲右臂；甲順乙捋勢右腳向前上步落於乙左腳內側成半馬步，右手內旋向下落於腹前，用肩臂靠擊乙胸部，左手置於右大臂內側；乙隨

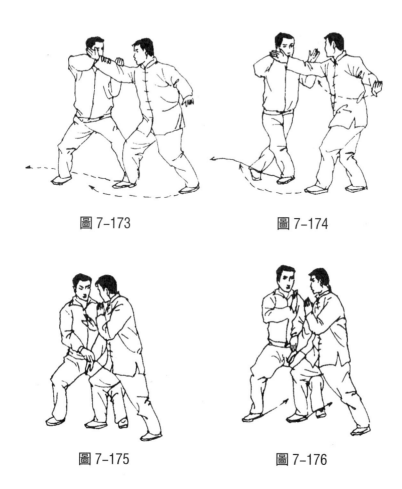

圖 7-173　　　　　　　　　　　圖 7-174

圖 7-175　　　　　　　　　　　圖 7-176

勢成馬步，左前臂內旋化開甲靠勁，右手採住甲右手腕。
（圖7-175）

　　【意勁的運用】乙向後撤步捋勁不丟；甲右腳向前上
步，右手內旋向前，用擠靠勁向乙胸部靠；乙右手稍向下
採，左臂沉肘，身體微右轉，用掤勁擊甲右臂。

　　（10）與動作（6）相同，唯有甲乙相反。（圖7-176、

圖 7-177　　　　　　　　　圖 7-178

177）

　　【意勁的運用】乙意想按甲面部，左手內旋按甲右大臂，右手鬆開，向甲面部推按；甲意想身體右轉，右胯放鬆，右肘下沉，右手向上接乙右手腕外側，同時右腳提起。

　　（11）甲身體右轉，右腳向右後撤步，重心偏於右腿，同時左手扶於乙右肘部，兩手向右将乙右臂；乙順甲将勢，右腳向前上步，落於甲左腳內側。（圖 7-178）

　　【意勁的運用】甲右腳向右後撤步，左手向前扶按乙右肘外側，同時兩手用将勁向右将；乙右腳向前上步，右臂前伸，內含掤勁。

　　（12）甲左腳向右後撤步，兩手繼續向右将乙右臂；乙順甲将勢左腳向前上步，重心偏於左腿（圖 7-179）。

　　【意勁的運用】與第（4）動相同。

　　（13）甲右腳向右後撤步，重心下降成半馬步，将乙右臂；乙順勢右腳向前上步，落於甲左腳內側，成半馬步，同時右手內旋下落於腹前，用肩臂靠擊甲胸部，左手置於右臂

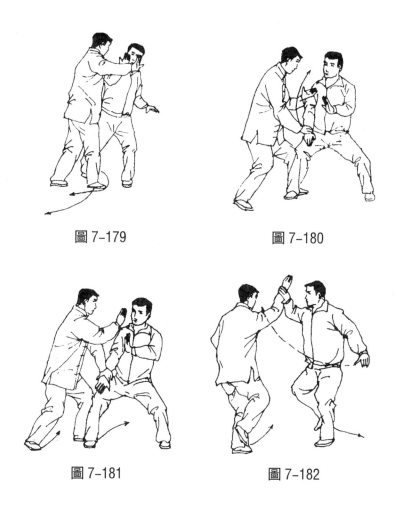

圖 7-179　　　　　圖 7-180

圖 7-181　　　　　圖 7-182

內側；甲左前臂內旋化開乙靠勁，右手下採乙右手腕。（圖
7-180）

【意勁的運用】與第（5）相同。

（14）與分動（6）動作相同。（圖 7-181、182）

（15）乙右腳向左後撤步，重心偏於右腿，左前臂貼靠
甲右肘部，兩手繼續向右捋甲右臂；甲順捋勢右腳向前上

圖 7-183　　　　　　　　圖 7-184

步，落於乙左腳內側。（圖 7-
183）

　　【意勁的運用】與第（7）
動相同。

　　（16）乙左腳向後撤步，兩
手向右捋甲右臂；甲順勢左腳向
右前上步。（圖 7-184）

　　【意勁的運用】與第（8）
動相同。

圖 7-185

　　（17）乙右腳向右後撤步，
成半馬步，兩手繼續捋甲右臂；甲順乙捋勢右腳向前上步，
落於乙左腳內側成半馬步，右手內旋下落於腹前，用肩臂靠
擊乙胸部，左手扶於右大臂內側；乙左前臂內旋化開甲靠
勁，右手下採甲右手腕。（圖 7-185）

　　【意勁的運用】與第（9）動相同。

　　大捋因有步法的配合，捋的幅度就較定步推手中的捋為

圖 7-186   圖 7-187

大，所以，稱為大捋；又由於大捋步法的方向是朝著四個斜角的，因此，又稱為四隅推手法；又因它的主要動作是捋和靠，在每次循環中，兩人合計有四個捋和四個靠的動作，所以，也叫四捋四靠。

第9組　順步四正手

1. 甲退乙進四正手

（1）甲右手內旋採乙右手腕，身體右轉，重心移至左腿，右腳提起，將乙右臂向上、向左回帶；乙順勢重心移至左腿，身體左轉。（圖7-186）

【意勁的運用】甲意想右胯放鬆，提右腳身體右轉，右臂鬆肩沉肘，右手抬起內旋採握乙腕。

（2）甲右腳向後撤一步，身體微右轉，繼續回帶乙右臂；乙隨勢右腳提起，身體微左轉。（圖7-187）

圖 7-188　　　　　　　　　　圖 7-189

【意勁的運用】甲右腳後落，右手用按勁繼續向右採乙右腕；乙用掤隨勁，順甲採勁，右手前伸內含掤勁，隨之身體左轉，右腳提起。

（3）甲右手向右下引帶乙右手腕，同時左手扶於乙右上臂外側，形成挒勢。（圖7-188）

【意勁的運用】甲見乙向前掤隨，左手抬起扶按乙右肘外側，形成挒勢，意想將乙向右挒出。

（4）乙隨甲挒勢，右腳向甲右腳內側上步，屈膝前弓，左手扶於右前臂內側，身體右轉，用右前臂平擠甲胸部；甲隨勢上體微左轉，兩手扶於乙右臂。（圖7-189）

【意勁的運用】乙隨甲挒勁，右腳向前上步；落在甲左腳內側，貼甲腿，同時變擠勁，右臂屈肘，用小臂平擠甲胸部，左手扶按右肘內側助力。

（5）甲重心前移，上體微左轉，兩手向下，向前推按乙右前臂，形成按勢。（圖7-190）

【意勁的運用】甲意想左胯放鬆，身體微左轉兩臂屈

圖7-190

圖7-191

肘，兩手扶於乙右小臂上，用按勁，向下、向前推按。

（6）乙隨勢上體微右轉，以左臂承接甲兩手按勢，右手向下，向右繞擊扶於甲左肘部。（圖7-191）

【意勁的運用】乙意想用掤勁承接甲的按勁，隨之左臂前掤，同時右手向下、向前外旋，貼甲左臂向外滾動；右臂掤勁不丟。

圖7-192

（7）乙左臂向上、向左循弧線掤甲左臂；甲重心前移，左腿前弓，上體微右轉，左臂黏隨乙左手，右手脫開乙左肘附於左臂內側。（圖7-192）

【意勁的運用】甲繼續推按；乙右手繞至甲右肘外側，左手沉肘內旋，兩手同時向左捋，身體隨之微左轉；甲意想身體右轉，左臂沉肘外旋前掤，右手扶按左肘內側。

圖 7-193 圖 7-194

（8）甲身向左轉，用左前臂擠乙胸部。（圖7-193）

【意勁的運用】乙意想用捋勁將甲捋出；甲見乙繼續向前捋，意想左胯放鬆，身體微左轉，用擠勁，左臂屈肘平擠乙胸部。

（9）乙順甲擠勢，身體向右轉，雙手按甲左前臂。（圖7-194）

【意勁的運用】乙意想身體右轉，左手隨甲左手下落胸前，用按勁，兩手向下，向前推按。

（10）甲用右臂掤接乙按勢，左手由下向左繞出扶於乙右上臂外側，以左前臂托住乙右肘部，上體隨勢稍左轉，右手內旋握住乙右手腕；乙順勢右臂屈肘，上體微左轉。（圖7-195、196）

【意勁的運用】乙繼續向前推按，意想將甲按出；甲用掤勁右臂承接，左手向下、向前外旋纏出，屈肘，肘尖下沉，將乙右臂包於臂間，同時右手內旋抓握乙右手腕。

（11）乙身體左轉，重心下沉，順勢右臂內旋向前下伸

圖 7-195

圖 7-196

圖 7-197

圖 7-198

插，用肘肩向甲胸部擠靠（用纏絲螺旋勁）。（圖7-197）

【意勁的運用】乙意想身體左轉，右手內旋，向前掤靠；甲順乙勢，右手右下採，左手向右下捋。

（12）甲順勢身體右轉，兩手捋乙右臂向右前方牽引；乙隨勢重心移於右腿，右臂外旋向上，上體微左轉。（圖7-198）

圖 7-199

圖 7-200

圖 7-201

【意勁的運用】乙意想用右臂靠擊甲胸部，右手外旋沉肘；甲順乙勢，右下捋隨乙轉換變為右平捋。

2. 乙退甲進四正手

動作與甲退乙進四正手相同，唯甲乙動作相反。（圖7-199～211）

圖 7-202

圖 7-203

圖 7-204

圖 7-205

圖 7-206

圖 7-207

圖 7-208

圖 7-209

圖 7-210

圖 7-211

3. 甲退乙進四正手

　　動作與前面甲退乙進四正手相同，唯至最後（圖 7-213、214）甲將乙右臂向右牽引時，乙順勢重心前移，身體微右轉，左腳向右前方上步，同時右臂外旋向上引伸。（圖 7-212～224）

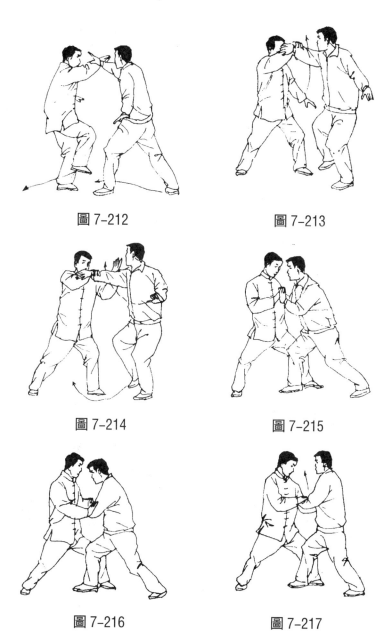

圖 7-212

圖 7-213

圖 7-214

圖 7-215

圖 7-216

圖 7-217

圖 7-218

圖 7-219

圖 7-220

圖 7-221

圖 7-222

圖 7-223

圖 7-224　　　　　　　　　　圖 7-225

4. 鴛鴦步換位四正手

（1）乙右腳外擺向右
前上步，身向右轉，右手內
旋握甲右手腕向右後捋帶；
甲隨勢身體微向右轉，右腳
外擺向左前上步。（圖 7-
225）

圖 7-226

【意勁的運用】甲乙意
想轉到對方背後，右腳向前
上擺步，右手隨之上舉，鬆肩沉肘，兩手黏貼旋轉。

（2）乙身體右轉，左腳向右腳尖前上步內扣，左手扶
於甲右上臂外側，右手繼續向右捋甲右臂；甲隨勢身向右
轉，左腿繞經右腿前，向前上步。（圖 7-226）

【意勁的運用】甲乙左腳向前上扣步，乙右手內旋抓握
甲右手腕左手扶在甲右肘外側意想捋甲；甲意想靠擊乙胸。

圖 7-227　　　　　　　　圖 7-228

（3）乙右腳向後撤一步，成半馬步，雙手向右将甲右臂，形成将勢；甲順勢右腳向乙左腳內側上步，屈膝前弓，左手扶於右上臂內側，用肩臂擠靠乙胸部，重心偏於右腳。（圖 7-227）

【意勁的運用】乙意想用撤步将，將甲将擊，右腳向後撤步，兩手同時向右将；甲順乙将勁，右腳向前上步，用肩臂向前擠靠乙。

（4）乙順甲擠勢，身微向左轉，兩手按甲右前臂，形成按勢。（圖 7-228）

【意勁的運用】乙右手微下採，身體微右轉，左小臂稍用勁向前，用掤勁擊甲右臂；甲右臂肩鬆沉肘，用小臂向前擠乙胸部，左手在右肘內側助力；乙身體左轉，右手隨甲右手向前，形成按勢。

（5）甲用左前臂承接乙兩手按勢，右手脫開乙右手向下，向右繞出扶於乙左肘部。（圖 7-229）

【意勁的運用】乙繼續向前推按；甲用左臂掤住乙按

圖 7-229

圖 7-230

勁，右手外旋，向下、向前貼乙臂向外滾動。

（6）甲兩手向上、向左掤起乙左臂；乙左臂黏隨甲左手，右手扶於甲左肘部，形成雙掤勢。（圖7-230）

【意勁的運用】甲意想鬆肩沉肘，左手內旋，右手從乙左臂下向外，扶按在乙左肘外側。

圖 7-231

（7）甲身向左轉，兩手向左捋乙左臂；乙順勢重心前移，左腿屈膝前弓，身微右轉，右手脫開甲左肘附於左前臂內側，黏隨甲捋勢。（圖7-231）

【意勁的運用】乙意想用掤勁將甲掤出；甲用捋勁，身體微左轉，兩手同時向左捋乙右臂。

（8）乙身體左轉，兩臂向前形成擠勢；甲順勢身體向右轉，兩手向下，向前按推乙左前臂成按勢。（圖7-232）

【意勁的運用】甲意想用挒勁將乙挒出；乙用擠勁，右臂屈肘向前平擠甲胸部；甲意想身體微右轉，兩手按乙臂。

（9）乙用右前臂掤接甲兩手按勁，左手由下向左繞擊，扶於甲右上臂，以左前臂托住甲右肘部，向上托掀甲右肘，形成撅甲右臂之勢，右腳提起；甲順勢重心移至左腿，右腳提起，身微右轉，同時右臂屈肘上提，化開乙托撅之勁，左手扶於乙右肘部。（圖7-233、234）

【意勁的運用】乙用右臂掤住甲的按勁，左手向下、向前貼甲臂向外，沉肘手向上包甲左臂，右臂沉

圖 7-232

圖 7-233

圖 7-234

肘，手內旋抓握甲右手腕，身體向左靠甲，右腿提起；甲順乙勢右腳提起。

第10組　活步捋擠

1. 甲擠，乙捋

（1）甲右腳向前上步，用右肩臂向乙胸部擠靠；乙順勢身向右轉，右腳向右前落步，同時右手扶貼甲右手腕處，左手扶於甲右肘部向右形成捋勢。（圖7-235）

【意勁的運用】乙意想用捋勁將甲捋出，右腳向前上步，兩手向右捋出；甲隨乙捋勢，右腳向前上步，右手順乙捋勁前伸。右臂外側含有擠靠勁。

（2）甲左腳向前上步，繼續引捋甲右臂；甲隨勢左腳向前上步，重心移向左腿，屈膝前弓。（圖7-236）

【意勁的運用】乙繼續向前引捋；甲右臂仍含擠靠勁，

圖 7-235

圖 7-236

圖 7-237　　　　　　　　　圖 7-238

上步時要盡量與乙貼近。

（3）乙右腳向右前上步，兩手繼續引捋甲右臂；甲隨勢右腳向前上步，重心偏於右腿。（圖7-237）

【意勁的運用】與第（2）動相同。

2. 乙擠靠，甲捋

（1）甲左腳向前繞步內扣，身向右轉，右臂內旋以右掌扶貼乙右手腕處，左手扶於乙右肘部，形成按勢。（圖7-238）

【意勁的運用】甲右腳向前上步成扣步，右臂沉肘，手向上，左手扶按右肘部；乙右手展指。

（2）乙左腳向左前上步，右臂向甲胸部擠靠；甲順勢含胸，身向右轉，重心移至左腿，右腳稍提起，同時兩手向右引捋乙右臂，使乙擠勢落空。（圖7-239）

【意勁的運用】甲意想身體右轉，右手在乙右手腕上內旋滾動，握乙右手腕同時身體右轉提右腳。

圖 7-239

圖 7-240

（3）甲右腳向右前上步，繼續引捋乙右臂；乙隨勢右腳向前上步。（圖7-240）

【意勁的運用】甲意想用捋勁將乙捋出，右腳向前上步，兩手向右捋出；乙隨甲捋勢，右腳向前上步，右手順甲捋勁前伸，右臂外側含有擠靠勁。

圖 7-241

（4）甲左腳向左前上步，繼續引捋乙右臂；乙隨勢左腳向前上步。（圖7-241）

【意勁的運用】甲繼續向前引捋；乙右臂仍含擠靠勁，上步時要盡量與乙貼近。

（5）甲右腳向前上步，繼續引捋乙右臂；乙隨勢右腳向前上步。（圖7-242）

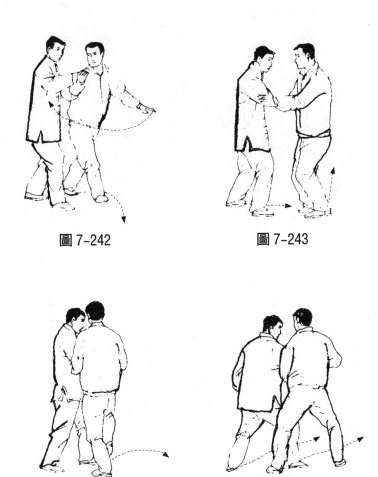

圖 7-242　　　　　　　　　圖 7-243

圖 7-244　　　　　　　　　圖 7-245

【意勁的運用】與第（4）動相同。

（6）乙左腳向前繞步內扣，身向右轉，右臂內旋，以右掌扶貼甲右手腕處，左手扶於甲右肘部，形成按勢。（圖7-243）

【意勁的運用】與第（1）動相同。

圖 7-246

圖 7-247

圖 7-248

3. 甲擠靠，乙捋

　　動作與「乙擠靠，甲捋」（2）～（6）相同，唯甲乙動作相反。（圖 7-244～248）

圖 7-249

圖 7-250

圖 7-251

圖 7-252

4. 乙擠靠，甲挒

　　動作與 2「乙擠靠，甲挒」（2）～（6）相同（圖 7-
249 至圖 7～253），唯最後一動乙用左手掌，拇指向上，虎
口張開，其餘四指托在甲右肘下。（圖 7-253）

圖 7-253

圖 7-254

第 11 組　托肘擠靠

1. 甲擠靠，乙托肘

（1）乙重心移至左腿，身體右轉，右腳提起，同時左手向右托推甲右上臂；甲隨身體向左轉，左腳提起。（圖 7-254）

圖 7-255

【意勁的運用】乙意想身體右轉，左手虎口托甲左肘關節外上側（大臂下段），身體右轉提右腳，用托靠勁向前上托起。

（2）乙右腳向前上步，左手向前托推甲右上臂；甲順勢左腳向前上步。同時雙方向前連續行走七步，第七步甲左腳在前，乙右腳在前，雙方腳尖均向內扣，乙左手繼續向上托甲右上臂。（圖 7-255～261）

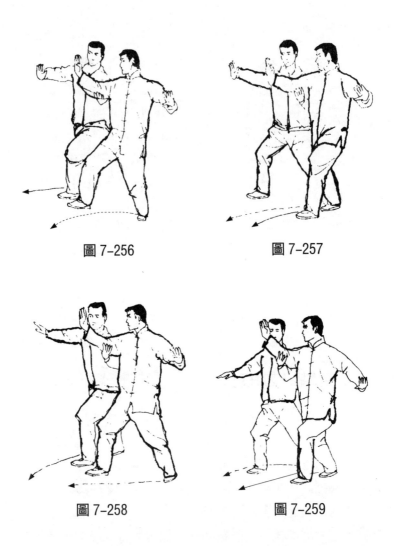

圖 7-256

圖 7-257

圖 7-258

圖 7-259

【意勁的運用】乙右手自然伸展，右腳向前上步；甲左腳向前上步；乙左手向前上托甲右臂，意想左肘擊靠甲右肋。

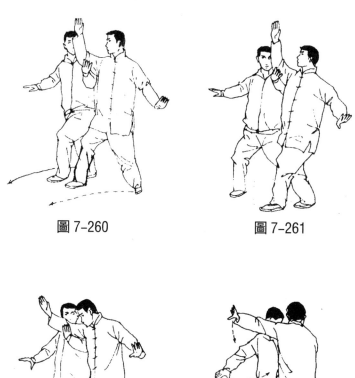

圖 7-260　　　　　　　　圖 7-261

圖 7-262　　　　　　　　圖 7-263

2. 乙肘靠，甲托肘

（1）乙身體稍下沉，左轉，左肘頂靠甲右肋部；甲順勢含胸沉右肘，身體下沉向右轉化開乙左肘頂靠。（圖7-262、263）

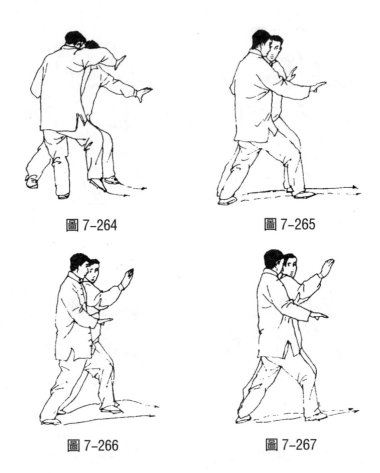

圖 7-264　　　　　　　圖 7-265

圖 7-266　　　　　　　圖 7-267

【意勁的運用】乙左手將甲右臂托起，肘擊甲右肋；甲意想身體右轉，右臂屈肘下沉，向右畫弧，右手內旋向前按乙胸部。

（2）乙用右掌向甲胸部推按；甲隨勢身向右轉，含胸，重心移至左腿，右腳提起，同時左手向右托推乙右上臂，化開乙推按勢。（圖7-264）

【意勁的運用】乙身體微左轉，意想用右手按甲胸部向

前推按；甲左手屈腕向內用虎口處托乙右肘關節上部（大臂上段）。身體右轉提右腳，右手鬆開，自然伸展。

（3）甲身體右轉，右腳向前上步，左手繼續向右托推乙右臂；乙隨勢身向左轉，左腳向前上步。（圖7-265）

（4）甲乙雙方向前連續行走六步，甲左手向前上方繼續推托乙右臂，第七步，雙方腳尖內扣落步。（圖7-266～270）

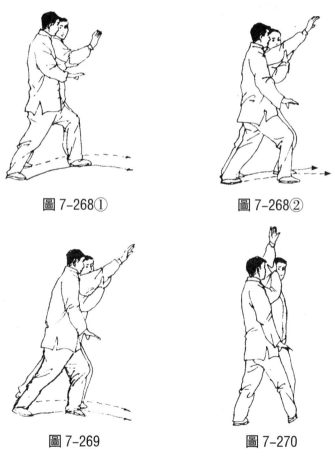

圖 7-268①　　　　　　　　圖 7-268②

圖 7-269　　　　　　　　圖 7-270

3. 甲肘靠，乙托肘

動作與「乙肘靠，甲托肘」相同，唯甲乙雙方動作相反
（圖 7-271～280）

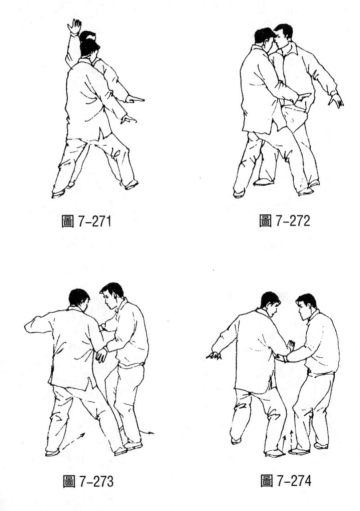

圖 7-271

圖 7-272

圖 7-273

圖 7-274

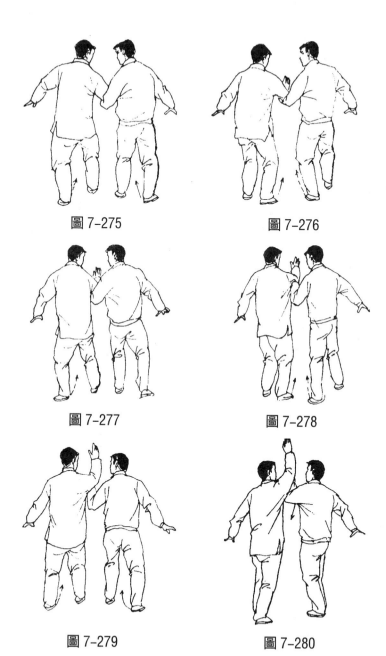

圖 7-275

圖 7-276

圖 7-277

圖 7-278

圖 7-279

圖 7-280

4. 乙肘靠，甲托肘

動作與前「乙肘靠，甲托肘」相同。（圖 7-281～290）

圖 7-281

圖 7-282

圖 7-283

圖 7-284

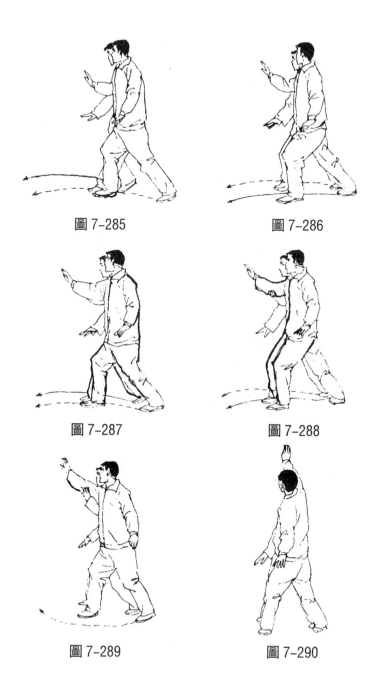

圖 7-285

圖 7-286

圖 7-287

圖 7-288

圖 7-289

圖 7-290

第12組　連環步四正手

1. 乙退甲進連環步

（1）甲身體稍下沉左轉，左肘頂靠乙右胸肋部；乙順勢身體下沉右轉，含胸沉右肘化開甲頂靠。（圖7-291）

【意勁的運用】甲意想用左肘擊乙右肋；乙意想身體右轉，右肘向下，向左畫弧。

（2）甲右手掌向乙面部撲擊，身體隨勢左轉；乙用右手向上掤接甲右手腕，左手扶於甲右肘部，身體微右轉，向右形成挒勢。（圖7-292）

【意勁的運用】甲意想用右手向乙面部撲擊；乙右手向上接甲右手，兩手腕外側相貼，各含掤勁，左手扶在甲右肘外側面，用挒勁向右挒甲右臂。

（3）甲右腳向前上步，落於乙左腳內側，右腿屈膝前

圖7-291

圖7-292

弓，同時左手扶於右臂內側，上體微右轉，形成擠勢；乙順勢右腳向後撤步，重心後移，右腿屈膝坐胯，兩手按推甲右臂，形成按勢。（圖7-293）

【意勁的運用】乙繼續向右将甲右臂；甲意想用擠勁，身體稍右轉，右手內旋屈肘向前平擠乙胸，身體微左轉，右手隨甲向下，形成按勢。

（4）甲以左臂掤接乙兩手按勢，右手由下向右繞出扶於乙左肘部，兩手向上、向左循弧線掤起乙左臂，重心移至右腿，左腳提起；乙重心移至右腿，左腳提起。（圖7-294）

【意勁的運用】甲右手向下、向外繞出，扶乙左肘外側，左手內旋向上，鬆肩沉肘，兩手含将勁。

（5）乙左腳向後撤一步，重心偏於右腿，右手扶於左臂內側，形成擠勢；甲隨勢左腳向前上步，落於乙右腳外側，兩手形成按勢。（圖7-295）

【意勁的運用】甲上步将乙左臂；乙撤步，隨之左臂屈

圖7-293

圖7-294

圖 7-295

圖 7-296

肘向前平擠，右手扶按左肘內側助力。

（6）乙以右臂掤接甲按勢，左手向下，向左繞出，扶貼甲右上臂外側，右前臂托住甲右肘，向上托掀甲右臂，同時右手內旋翻握甲右手腕，身體右轉，重心移至左腿，右腳提起；甲重心移至左腳，右腳提起。（圖 7-296）

【意勁的運用】乙右臂掤接甲的按勁，左手向下、向前外旋貼甲右臂向外纏出，沉肘手向上，將甲右臂包於臂間，右手內旋抓握甲右手腕，身體右轉，提右腳。

（7）乙右腳向右後落步，身體右轉，兩手向右前引捋甲右臂；甲順勢右腳向前上步，身體左轉。（圖 7-297）

（8）甲左腳向前繞步內扣，身體右轉，同時右手內旋向上、向右翻握乙右手腕，肘微屈；乙隨勢左腳上步，落於甲右腳後側，身體微向右轉，左手黏隨甲右臂外側。（圖 7-298）

【意勁的運用】甲意想鬆肩沉肘，右手向上，內旋抓握乙右手腕，同時左腳向前上步成扣步。

圖 7-297

圖 7-298

2. 甲退乙進連環步

（1）甲重心移至左腿，身體右轉，右腳提起，右手握乙右手腕，左手扶於乙右肘部向右前方引捋乙臂；乙隨勢身體左轉，重心移至左腿，右腳提起，左手脫開甲右肘置於身體左側。（圖7-299）

圖 7-299

【意勁的運用】甲左手扶按乙右肘部，兩手含捋勁；乙順甲勁，身體微左轉，右臂向前用掤勁；甲隨機右腳提起。

（2）甲右腳向後撤步，兩手捋乙右臂；乙順勢右腳向前上步，落於甲左腳內側，左手扶於右臂內側，上體微向右轉，形成擠勢；甲隨勢兩手按於乙右前臂上形成按勢。（圖7-300）

圖 7-300

圖 7-301

【意勁的運用】甲意想用掤勁掤乙，右腳向後撤步，兩手向右掤乙右臂；乙順掤勁向前上步，同時右手臂屈肘平擠甲胸部；甲掤勁變為按勁，兩手按乙臂。

（3）乙用左臂掤接甲兩手按勢，右手由下向右繞出扶於甲左肘部。（圖7-301）

圖 7-302

【意勁的運用】甲繼續用按勁；乙右手向下、向前外旋貼甲左臂纏出。

（4）乙兩手向上、向左循弧線掤起甲左臂，重心移至右腿，左腳提起；甲隨勢重心移至右腿，左腳提起。（圖7-302）

【意勁的運用】乙左臂沉肘，手內旋向上，右手纏出扶

圖 7-303

圖 7-304

於甲左肘部，兩手同時向上，含有抒勁，左腳隨之提起；甲左手外旋向上，用掤勁，掤住對方，意想重心移至右腿，左腳提起。

（5）甲左腳向後撤一步，重心偏於右腿，右手扶於左臂內側，向前形成擠勢；乙順勢左腳向前上步，落於甲右腳外側，兩手按於甲左前臂，形成按勢。（圖 7-303）

【意勁的運用】甲左腳撤步，左手向下，向前平擠乙胸部；乙右腳向前上步，兩手隨甲向下用按勁。

（6）甲從右臂掤接乙兩手按勢，左手由下向左繞出扶於乙右肘部。（圖 7-304）

【意勁的運用】乙繼續向前推按；甲右臂掤接，左手向下、向前外旋貼乙右臂向外纏出。

（7）甲重心移至左腿，右腳提起，身向右轉，右手內旋翻握乙右手腕，同時左手向上托攦乙右臂；乙左手扶於甲右肘部，隨勢身向左轉，重心移至左腿，右腳提起。（圖 7-305）

圖 7-305

圖 7-306

【意勁的運用】甲左臂鬆肩沉肘，左手向上纏包乙右臂，右手內旋沉肘抓握乙右手腕，隨機右腳提起。

（8）甲右腳向右前上步，身體右轉，兩手向右前方引捋乙右臂，乙順勢右腳向前上步，身體左轉。（圖7-306）

圖 7-307

【意勁的運用】甲意想用捋勁將乙捋出。甲右腳向前上步，兩手向右捋乙右臂；乙順甲捋勁右腳向前上步，右手隨甲捋勁前伸，右臂含有掤靠勁。

（9）乙右腳向前繞步內扣，身體右轉，同進右手內旋向上，向右翻握甲右手腕，肘微屈；甲隨勢左腳上步，落於乙右腳後側，身體微向左轉，左手黏隨乙右臂。（圖7-307）

【意勁的運用】乙右臂鬆肩沉肘，右手向上，內旋抓握甲右手腕，同時左腳向前上扣步。

3. 乙退甲進連環步

動作與「甲退乙進連環步」相同，唯甲乙動作相反。（圖7-308～316）

圖 7-308

圖 7-309

圖 7-310

圖 7-311

圖 7-312

圖 7-313

圖 7-314

圖 7-315

圖 7-316

4. 甲退乙進連環步

動作與「甲退乙進連環步」相同，（圖7-317~325）。
唯最後一動作，乙重心移至左腿，右腳提起，身體隨勢右
轉，同時右手向上、向右循弧線起甲右臂，左手扶於甲右肘
部；甲順勢身體左轉，重心移至左腿，右腿提起，左手扶於
乙右肘部，形成雙掤勢。（圖7-325）

圖7-317

圖7-318

圖7-319

圖7-320

圖 7-321

圖 7-322

圖 7-323

圖 7-324

圖 7-325

5. 乙退甲進連環步

（1）乙右腳向後撤步，兩手捋甲右臂；甲隨勢右腳向前上步，落於乙左腳內側，右手扶於右臂內側，向前形成擠勢；乙順勢形成按勢。（圖7-326）

（2）甲以左臂掤接乙兩手按勢，右手由下向右繞出扶於乙左肘部。（圖7-327）

（3）甲兩手向上，向左循弧線掤起乙左臂，重心移於右腿，左腳提起；乙隨勢重心移至右腿，左腳提起，右手扶於甲左肘部，形成雙掤勢。（圖7-328）

（4）乙左腳向後撤步，重心偏於右腿，右手扶於左臂內側形成擠勢；甲隨勢左腳向

圖7-326

圖7-327

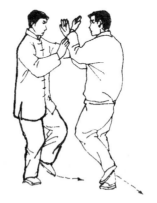

圖7-328

圖 7-329

圖 7-330

前上步，落於乙右腳外側，兩手形成按勢。（圖 7-329）

（5）乙以右臂承接甲按勢，左手由下向左繞出扶於甲右臂外側，向上托攦右臂，同時右手內旋翻握甲右手腕，重心移至左腿，右腳提起，身體右轉；甲隨勢，身體左轉，重心移至左腿，右腳提起。（圖 7-330）

（6）乙右腳向後撤步，身體右轉，兩手向右前引捋甲右臂；甲順勢右腳向前上步，身體左轉。（圖 7-331）

第13組　合步四正手

（1）甲右手內旋翻推握乙右手腕，向上、向後捋帶乙右臂，重心後移，身體微右轉；乙隨勢身體左轉重心移至右腿，左腳向右收半步。（圖 7-332）

【意勁的運用】甲右手向上，用掤勁掤乙兩手；乙兩手微右捋，同時左腳向右腳靠攏。

（2）乙身體左轉，右手外旋用掌外側切甲右手腕，使

圖 7-331

圖 7-332

甲右手脫開，同時右腳向前上
一步，右手成掤勢，左手扶於
甲左肘部，甲隨勢重心後移，
右腳向後回收半步，身體右
轉，右手成掤勢，左手扶於甲
左肘部，甲隨勢重心後移，右
腳向後收半步，身體右轉，右
手成掤勢，左手扶於乙右肘
部。甲乙成雙掤姿勢。（圖
7-333）

圖 7-333

【意勁的運用】甲右腳稍後撤，右手微內旋，左手扶於
乙右肘部；乙右腳向前上步，右手微外旋前掤。

（3）甲從捋勢開始，雙方做合步四正手動作（掤、
捋、擠、按），循環做 3 次，以雙掤勢結束。（圖 7-334～
340）

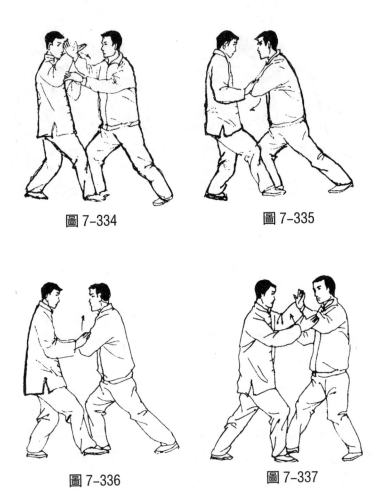

圖 7-334

圖 7-335

圖 7-336

圖 7-337

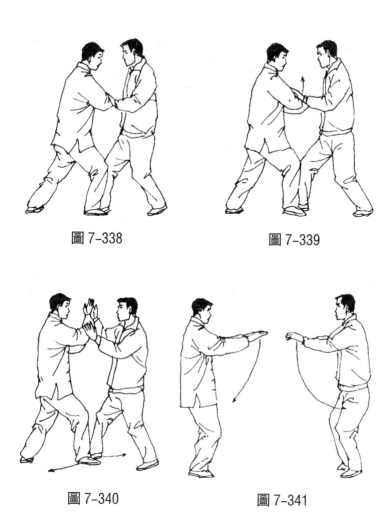

圖 7-338　　　　　　　　圖 7-339

圖 7-340　　　　　　　　圖 7-341

第14組　收　勢

（1）雙方右腳回收，兩腳與肩同寬，腳尖向前，屈膝半蹲。兩臂向前平伸，沉肘，掌心向下。（圖7-341）

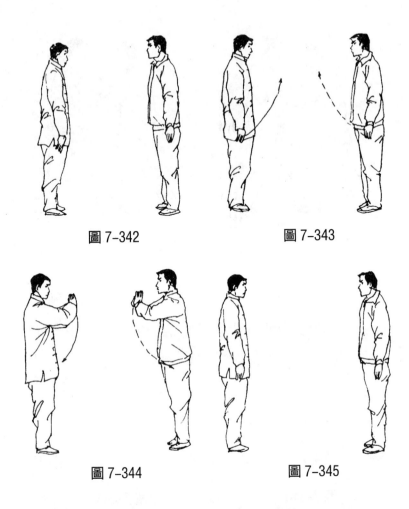

圖 7-342

圖 7-343

圖 7-344

圖 7-345

（2）雙方兩掌慢慢下落至體側，同時兩腿慢慢直立，上體自然中正，鬆肩垂臂，目視對方。（圖 7-342）

（3）甲提左腳，乙提右腳向同側併步，目視對方。（圖 7-343）

（4）甲乙互行抱拳禮，兩手臂由前下落於體側而後變掌。（圖 7-344、345）

附錄一 四季養生法

^^

　　四季養生法是指順應四時的氣候變化進行養生調攝，借以提高人體對不同氣候環境的適應能力，以期求得健康，最終達到以益壽延年為目的的養生方法，屬於順乎自然養生範疇。

　　四季養生，早在《內經》中就有闡發。另外在歷代中醫文獻中，亦有不少關於這方面的專論與專著，致使四季養生的方法得以流傳至今，為我國人民的衛生保健發揮著重要作用。

　　順應四時養生，首先要明確春生、夏長、秋收、冬藏的道理，並不得違背，同時要注意養護精氣。以下結合古人的論述，進行綜合歸納，並對四時養生的具體方法予以介紹。

一、春季養生法

　　春天萬物復蘇，欣欣向榮，一派生機，大自然正值「發陳」之時，陽氣上升，萬物發育，此時氣候條件有利於精、血、津、氣的化生，及組織器官的充實。因此，對於養生者來說，應十分珍惜春季的大好時光，透由適當的調攝，使春陽之氣得以宣達。勿太過，勿不及，要恰到好處。

　　春季養生要注意從以下幾個方面進行：

【精神方面】

要保持心境恬愉,以暢生機。春季楊柳吐綠,百花爭艷,郊外、園林山水之處,皆是沐浴春光、愉悅精神的好去處。

【起居方面】

應珍惜春季的大好時光,及時調整作息,要晚睡早起,多到戶外活動,以使身體充分沐浴於春光之中。春季為運動養生的最佳時機,可根據各人的不同情況,酌選郊遊、登山、慢跑、太極拳……等進行體育鍛鍊。

冬去春來,天氣乍暖,寒暖不時,故不宜頓去棉衣,老人、兒童尤需注意,以免外感風寒。《攝生消息論》指出「春季寒暄不一,不可頓去棉衣,老人氣弱體怯,風冷易傷,時備夾衣,遇暖易一重,漸減一重,不可暴去。民諺「春捂秋凍」是符合養生原則的。

春季萬物復蘇,亦是傳染病的易發季節,當此之時,除注意環境衛生,除害滅病之外,尤需要做好自己的保健,諸如保健針灸、保健按摩,乃至藥物保健等皆可酌選,以提高機體的免疫功能。

【飲食方面】

春季風木當令,肝氣偏旺,易於傷脾,影響脾胃功能之正常發揮。《千金要方》所謂春季飲食宜「省酸增甘,以養脾氣」,正在於強調防止肝火太旺傷脾,年老體弱,脾胃不健之人,春益脾氣,宜常服焦棗茶,以溫中益氣,健脾和營。需注意的是,益脾氣切勿過補,一般以清淡爽口飲食為佳。

春季藥膳的選擇,一般宜採用升發、養陰柔肝,疏泄條

達之藥，酌配相應食物結合。但當注意，既不可過於升散，又不可過於寒涼。常用藥膳如滋陰養肝類及益氣健脾類結合。具體方法參見食物養生法一節。

另外，老年人春時易患頭目不利，昏昏如醉之疾，可適當服用惺惺丸（人參、茯苓、甘草、花粉、桔梗、細辛各等分，研末，蜜丸如彈子大，每服2丸）以使頭目清利，精神爽朗。

二、夏季養生法

夏季，陽光充沛，萬物茂盛。氣候炎熱，暑氣逼人，心氣易於虧耗，尤其老人、兒童，體虛氣弱，難以將養，所以夏季養生十分重要，此時正是「春夏養陽」的最好時機。

【精神方面】

要盡量使自己保持精神愉快，切勿發怒，使精神之英華適應夏氣以成其秀美，氣機得以宣暢，通泄自如。

【起居方面】

要晚睡早起，適當地多接受陽光的照射，以順應陽氣的充盛與盛實，利於氣血運動，振奮精神。夏日漫長，中午適當小憩有利健康。

注意防暑，但不可過於貪涼而在賊風中人最暴之處，諸如弄堂過道、星光月下露宿、乘涼。大凡虛堂淨室，水亭林蔭，潔淨空敞之處，皆可謂乘涼的好去處。對此，《攝生消息論》中已有闡發。常洗澡也是防暑的好方法，洗澡可以使皮膚疏鬆，「陽熱」易於發泄。但需注意的是汗出不可見濕，汗出時不可立即洗浴，「汗出見濕，乃生痤瘡」。

夏令多活動有益健康。夏日多陽光，為陽氣活動最頻繁之時，不可因酷熱而厭煩，要充分利用白天的適當時間進行戶外的鍛鍊，以培養機體適應惡劣環境的能力，要注意防止暴曬，以免引起皮膚病。

【飲食方面】

要少食苦，增食辛。《千金要方》指出：「夏七十二日，省苦增辛，以養肺氣。」意在少食苦味，增食辛味之食品養肺氣，以免心火過旺而制約肺氣的宣發。夏令炎熱，要食雜糧以寒其體，不可過食熱性食物，以免助熱。冷食瓜果不可過食，當適可而止，以免損傷脾胃。味厚肥膩之品，亦宜減少，以免化熱生風，激發疔瘡。

夏令氣候炎熱，尤易傷津耗氣，故此時宜常服以菊花、金銀花、山楂、烏梅、藿香等為主要成分配製的滌暑清涼飲料。六一散、綠豆湯亦宜常飲。

夏令藥膳，宜選用清解暑熱，理脾化濕和胃，益氣和中之品。如《證治要訣》主張常服荷葉粥，其他如涼拌萵笋、冬瓜湯等皆宜常食，西瓜、蓮藕、兔肉、西紅柿等亦為夏令食用佳品。

夏令老人易脾胃不和，濕困氣滯，不思飲食，可服豆蔻散（薑炒草蔻、神曲、熟杏仁、炙甘草、炮乾薑各等分，大麥芽前單味藥量 2.5 倍量，共同末，每服 3 克，代茶飲）。不計時服，以醒脾化濕，順氣和胃。

應當注意的是，夏令炎熱，心氣旺盛，故不宜再補。動物心臟，暫不宜食。夏季食物易腐敗變質，故尤當加強飲食衛生，以防腸道傳染病發生。

另外，為防止痱瘡的出現，盛夏之時應盡量選用透氣性

能較好的衣料，同時要保持皮膚的清潔衛生。

三、秋季養生法

秋季為天氣逐漸轉涼。秋風勁急，地氣清肅，眾生收殺，肺氣旺盛之時，此時晝夜溫差較大，老人、兒童尤難適應。秋季養生自當據此特點來選擇具體方法。

【精神方面】

由於秋季的大自然一派肅殺之象，觸景生情，故易使人產生悲傷憂愁淒涼之感，所以，此時的精神調攝十分重要。一般來說，首先要做到內心寧靜，神志安寧，心情舒暢，切忌悲憂傷感，即使是遇到傷感的事，也應主動予以排解，亦可選用諸如登高遠眺，賞菊、觀紅葉等方式，以悅情志，調其心神。

【起居方面】

應「早臥早起，與雞俱興」。早睡早起意在順應陽精之收斂，陽氣的舒長。秋高氣爽，天氣漸寒，尤其早晚溫差較大，故衣著當隨氣候變化添、減，但不宜驟增驟減。《衛生歌》指出「秋冬衣冷漸加添。」秋令氣候多乾燥，空氣中濕度較小，此時皮膚易乾燥，因此，居室內應注意保持一定的濕度，同時亦應注意適當補充體內水分，以防燥症發生。

金秋時節，亦是鍛鍊身體的大好時機，此時的鍛鍊可視環境條件及個人身體狀況而確定適當的項目。諸如漫步郊外、登高遠眺，習練以調氣為主的養生功法，如太極拳、形意拳、六字訣、八段錦……等等，意在練氣舒肺，增強肺臟之功能。

【飲食方面】

當以保護脾胃，預防燥邪為患為要。秋令瓜果大量應市，但不可食之過多。食之太過，易傷脾胃，尤其性屬寒涼之瓜果更易損傷脾胃之陽氣。老人及患慢性病患者應根據自己的體質狀況，有選擇地食用。水果種類繁多，一般來講，除龍眼、椰汁、石榴等外，多數水果性偏寒涼，故老人及身體脾胃虛弱之人食之不宜過多。

秋季燥氣當令，其有溫涼之異，一般仲秋前偏溫，仲秋後偏涼，為預護燥邪為患，飲食的調攝尤其重要，防燥護陰、滋腎潤肺為基本指導思想，且以「少辛增酸」為原則。燥氣當令，無論偏溫偏涼，總以多食甘平柔潤之品，達防燥潤肺之目的。

老年人秋季尤多血枯津燥，易致大便秘結，故宜常服食豆漿、芝麻、蜂蜜等，滋陰潤腸，養血滋燥。至於《存之齋醫話稿》中之荸薺豆漿（豆漿 250 克、荸薺 5 個、白糖 25 克），《民間食譜》之鮮奶玉液（粳米 60 克、炸胡桃仁 80 克、生胡桃仁 45 克、牛奶 200 克、白砂糖 12 克），《中國藥膳學》之雪羹湯（海蜇 50 克、荸薺 4 枚）等皆可作為老弱之人秋令防燥的藥膳，其中含糖者，糖尿病患者忌用。對於老人、兒童及體弱者來說，此時應注意少食黏硬生冷，以免秋痢發生。老年人還可於晨起後食粥以益胃生津。諸如傳統藥膳中的經益胃生津為主要作用的百合蓮子粥、紅棗糯米粥、蔗漿粥、黑芝麻粥等，皆為秋令宜食之佳品。《醫學入門》指出「蓋晨起食粥，推陳致新，利膈養胃，生津液，令人一日清爽，所補不小。」正是對早晨食粥確具補養作用的高度評價。

另外，秋後老年人易發痰喘咳嗽，叮服保救丹（蛤蚧一對，不蛀皂角二挺去裡皮並子，酥、乾地黃60克蒸，法半夏60克，丁香6克，共為末，蜜丸如梧桐籽大，每日飯前服5丸，薑湯下）以防治之。

四、冬季養生法

冬季氣候寒冷，冰天雪地，萬物閉藏，此時室內外溫差特大，因此，冬季的養生既要注意順應萬物閉藏的特點，又要注重禦寒能力的培養。

【精神方面】

要使情志若伏若匿，精神情緒保持安寧，含而不露，以免煩擾自身陽氣的潛藏，以使精神調攝與自然界萬物之閉藏相適應。

【起居方面】

要早睡晚起，必待日光。去寒就溫，衣著逐漸加添，以免寒氣襲。然而避寒僅是被動之舉，對於健康人來說，冬令正是鍛鍊機體，增強自身禦寒能力的黃金季節。因此，應當主動地、有目的地進行室外活動。實踐證明，堅持冬季鍛鍊，可以增強人體糖、脂肪、蛋白質的分解代謝，改善組織、器官的營養狀況，從而提高機體的禦寒能力，達到延緩衰老的目的。

冬季可練項目甚多，諸如長跑、球類、跳繩、自行車、太極拳、太極劍、冷水浴、冬泳……等等，皆可依據各自的身體狀況酌選。運動時當注意頭、手部的保暖。不宜大汗。

老年人及體弱之人冬季更宜活動筋骨，切忌閉門靜坐。

冬季的室外活動亦當注意安全，一般老人可練拳、舞劍、吐納導引等為主要冬練方式。其他如培土花木、觀梅賞雪等亦酌選。總之，透過室外的適當活動，自可周身舒暖，老懷春意，充滿朝氣。如遇風雪天氣，可改室外活動於室內，但切忌終日蜷臥曲坐，圍爐烘烤，如此，更難抵擋風寒。

【飲食方面】

要注意保陰潛陽，減鹹增苦。冬季是進補的最佳時機，就一般而言，冬季攝取的食物總量皆比夏令為多，尤其是老人可比夏季增加 25%，同時，其吸收的營養物質所轉化的能量亦可最大限度地貯存於體內。特別在冬至以後，陰氣漸退，陽氣始升，閉藏之中蘊生勃勃生機，無論食補、藥療皆易於蘊蓄而發揮其效能。所以，無論年老體弱，或是慢性病患者，乃至某些疾病的康復期，食補、藥補，或二者結合，皆可於此時進行。應當注意的是，冬令進補因人而異，病患者當在醫生指導下進行。

一般來說，冬令進補，應以溫補為宜，切忌大辛大熱之品峻補，峻補反可釀生熱病。冬令老年人多內熱外寒，尤當注意這一點。老年人亦可於早晚飲藥酒一小杯，以收舒筋活絡禦寒之功。

冬令常用補藥，諸如人參、阿膠、冬蟲夏草、紫河車、首烏、枸杞、蛤蚧等，常用中成藥如龜齡集、腎氣丸、金鹿丸……等等，皆可據各人的體質狀況酌選。

除藥補之外，食補亦為冬令常用的強體健身之法。食補亦當據人體陰陽氣血的偏盛偏衰，並結合食物之性而選之。諸如偏陽虛者，可補以羊肉、雞肉、鱔魚、胡桃仁等；偏陰血不足者，則以豬肉、鴨肉、鵝肉、木耳等補之。其他諸如

葵花籽、花生等亦其滋陰補血之功。

　　總之，冬令進補，當據各人的體質狀況，選用相應的藥補、食補，或藥食結合的藥膳來進行，切勿峻補，一般以循序漸進，清補、溫補、小補為宜。

　　老年人冬令內熱多偏重，尤其肥胖而又恣食肥甘的老人，胸悶痰濁、舌苔黃膩，大便時秘。宜常服牽牛丸（牽牛60克蒸、木通60克、橘皮60克、桑白60克、赤芍60克、木香30克，共為末，蜜丸如梧桐籽。每服15～20丸，男以酒下，女以醋湯下）。

　　上述四季養生法，皆是結合四時之春暖、夏熱、秋涼、冬寒的氣候特點而採取的保健調護措施。

　　在四季養生中，因神為主宰，所以，首當注重「養神」以適應春生、夏長、秋收、冬藏的變化規律，同時又要強調四時中人們在衣、食、住、行等諸多方面的調攝，從而從不同方面強化機體適應四季氣候變化的能力，為促進健康，達益壽延年之目的服務。

附錄二　十二月養生法

宋·姚稱的《攝生月令》、姜蛻的《養生月錄》，及元·瞿佑的《十二月宜忌》，皆為按月令養生之專著，現據以歸納綜合如下：

【孟春正月】

天氣雖冷，但如轉暖，草木將萌，大自然蘊生勃勃生機，有利於肝的生理活動。因天氣尚冷，故當注意保暖，老人、兒童尤慎。此時為傳染病多發之時，「立春」宜服蔓菁汁以防之。

【仲春二月】

春意盎然，氣候溫暖和煦，但不可驟減棉衣，老人、兒童尤慎，宜多曬太陽。春季肝旺易於動怒，老人尤甚，切實注意調攝，切勿妄動肝火，以免引發眩暈、中風之患。風和日麗天氣，可郊遊、踏青以暢生機。「春分」以枸杞煎洗面擦身，可潤澤皮膚不老。採桃花陰乾，研粉備用美容顏。

【季春三月】

大自然一派生機，欣欣向榮，早臥早起，習拳練功，適可而止，切勿大汗淋漓，老人尤慎。「清明」採水蓼預防腸道病。「穀雨」採茶備用，防病延年。

【孟夏四月】

天氣漸熱，植物繁盛，此時有利於心臟的生理活動。衣

薄被單，謹防外感，不宜輕易運用發汗之劑，以免汗多傷心。為防老人氣血易滯，心病發生，可於清晨食蔥頭少許，或少量飲酒以暢通氣血，情宜開懷，安閑自得。切忌暴喜傷心。

【仲夏五月】

氣候炎熱，老年人尤需注意切勿貪涼睡臥，更忌大汗後吹風，以防外感。食宜清淡，勿食羊肉等助火生熱之食物。心宜靜而勿躁，「心靜自然涼」。「端午」宜以菖蒲掛於門口，或以貫眾浸泡於飲水缸中以預防夏季傳染病。

【季夏六月】

暑氣逼人，宜避暑納涼於通風空敞之處，水亭林蔭之中，切忌汗出見濕；老人更不宜臥睡於星光月下。靜心調息，自然清涼。老年人脾胃虛弱，易於受傷，故應忌食或少食冰凍食品，尤忌過於肥膩食物。夏季老人多內寒外熱，可少服金匱腎氣丸，口渴常飲梅茶祛暑解渴。

【孟秋七月】

田野呈現金黃，宜早起早臥，舞劍練功，預防脾病。此時晝夜溫差大，當注意防寒。雨多濕重，脾胃易於呆滯，老人多不思食，宜服荷葉粥，以芳香化濕，開胃健脾。立秋後宜常服小豆防痢。

【仲秋八月】

氣候轉涼，老人宜及時增衣添衫，以防秋涼外感。仲秋風涼，時防哮喘，可練呼吸吐納功法，以增強肺氣之功。

【季秋九月】

九月重陽，秋高氣爽，老年人可於重陽佳節登高遠眺，賞菊吟詩，抒發情懷。切忌秋風掃落葉，悲秋淒涼傷感。宜

飲菊花酒促人長壽。秋後多燥邪為患，為防血燥津枯，宜常服蜂蜜、芝麻等潤燥養血之品，老人尤宜。

【孟冬十月】

北風勁吹，天氣變冷，草木凋零，宜增衣禦寒，老人尤重。早臥晚起，必待日光。起床後面對朝陽練吸日精之功，以助身陽。或大陽光下導引、練拳、舞劍活動筋骨。因此，腎氣始旺，宜少食鹹並增苦、辛之味，保護腎臟。冬令閉藏，為保護腎精，宜「清心寡慾」節制性生活。時防外感風寒，若腎精虧虛，陽氣不足，易誘發咳喘。

【仲冬冬月】

大地冰封，冰雪世界。此時人們，特別是老人應注意避寒就溫，棉軟著體，手足防凍。室溫不宜太高，爐火不宜太旺，時防煤氣中毒。此時宜練易筋經助熱，按摩功取暖。老人飲食忌黏膩冷硬，宜溫暖熟軟。「冬至」宜服當歸炖羊肉，或狗肉湯藥膳。時曬太陽，以增機體禦寒之功。

【季冬臘月】

數九寒天，臘梅爭妍。此時既需防寒，又需防冬溫。人體內熱較重，可適採臘梅泡水代茶飲，預防咽喉腫痛。老人體弱，易受外寒，晨起後可預服人參、黃芪酒一小杯防風禦寒；晚服杞菊地黃丸或清金化痰丸消降痰火，以防內熱伏藏。兼練養生功迎候春天。

大展出版社有限公司
品冠文化出版社

圖書目錄

地址：台北市北投區(石牌)　　　　電話： (02) 28236031
　　　致遠一路二段 12 巷 1 號　　　　　　　　28236033
郵撥：01669551＜大展＞　　　　　　　　　　28233123
　　　19346241＜品冠＞　　　　　傳真： (02) 28272069

・少 年 偵 探・ 品冠編號 66

1. 怪盜二十面相	（精）	江戶川亂步著	特價 189 元
2. 少年偵探團	（精）	江戶川亂步著	特價 189 元
3. 妖怪博士	（精）	江戶川亂步著	特價 189 元
4. 大金塊	（精）	江戶川亂步著	特價 230 元
5. 青銅魔人	（精）	江戶川亂步著	特價 230 元
6. 地底魔術王	（精）	江戶川亂步著	特價 230 元
7. 透明怪人	（精）	江戶川亂步著	特價 230 元
8. 怪人四十面相	（精）	江戶川亂步著	特價 230 元
9. 宇宙怪人	（精）	江戶川亂步著	特價 230 元
10. 恐怖的鐵塔王國	（精）	江戶川亂步著	特價 230 元
11. 灰色巨人	（精）	江戶川亂步著	特價 230 元
12. 海底魔術師	（精）	江戶川亂步著	特價 230 元
13. 黃金豹	（精）	江戶川亂步著	特價 230 元
14. 魔法博士	（精）	江戶川亂步著	特價 230 元
15. 馬戲怪人	（精）	江戶川亂步著	特價 230 元
16. 魔人銅鑼	（精）	江戶川亂步著	特價 230 元
17. 魔法人偶	（精）	江戶川亂步著	特價 230 元
18. 奇面城的秘密	（精）	江戶川亂步著	特價 230 元
19. 夜光人	（精）	江戶川亂步著	特價 230 元
20. 塔上的魔術師	（精）	江戶川亂步著	特價 230 元
21. 鐵人Q	（精）	江戶川亂步著	特價 230 元
22. 假面恐怖王	（精）	江戶川亂步著	特價 230 元
23. 電人M	（精）	江戶川亂步著	特價 230 元
24. 二十面相的詛咒	（精）	江戶川亂步著	特價 230 元
25. 飛天二十面相	（精）	江戶川亂步著	特價 230 元
26. 黃金怪獸	（精）	江戶川亂步著	特價 230 元

・生 活 廣 場・ 品冠編號 61

1. 366 天誕生星	李芳黛譯	280 元
2. 366 天誕生花與誕生石	李芳黛譯	280 元
3. 科學命相	淺野八郎著	220 元
4. 已知的他界科學	陳蒼杰譯	220 元

5. 開拓未來的他界科學　　　陳蒼杰譯　220元
6. 世紀末變態心理犯罪檔案　沈永嘉譯　240元
7. 366天開運年鑑　　　　　林廷宇編著　230元
8. 色彩學與你　　　　　　　野村順一著　230元
9. 科學手相　　　　　　　　淺野八郎著　230元
10. 你也能成為戀愛高手　　　柯富陽編著　220元
11. 血型與十二星座　　　　　許淑瑛編著　230元
12. 動物測驗—人性現形　　　淺野八郎著　200元
13. 愛情、幸福完全自測　　　淺野八郎著　200元
14. 輕鬆攻佔女性　　　　　　趙奕世編著　230元
15. 解讀命運密碼　　　　　　郭宗德著　200元
16. 由客家了解亞洲　　　　　高木桂藏著　220元

・女醫師系列・品冠編號 62

1. 子宮內膜症　　　　　　　國府田清子著　200元
2. 子宮肌瘤　　　　　　　　黑島淳子著　200元
3. 上班女性的壓力症候群　　池下育子著　200元
4. 漏尿、尿失禁　　　　　　中田真木著　200元
5. 高齡生產　　　　　　　　大鷹美子著　200元
6. 子宮癌　　　　　　　　　上坊敏子著　200元
7. 避孕　　　　　　　　　　早乙女智子著　200元
8. 不孕症　　　　　　　　　中村春根著　200元
9. 生理痛與生理不順　　　　堀口雅子著　200元
10. 更年期　　　　　　　　　野末悅子著　200元

・傳統民俗療法・品冠編號 63

1. 神奇刀療法　　　　　　　潘文雄著　200元
2. 神奇拍打療法　　　　　　安在峰著　200元
3. 神奇拔罐療法　　　　　　安在峰著　200元
4. 神奇艾灸療法　　　　　　安在峰著　200元
5. 神奇貼敷療法　　　　　　安在峰著　200元
6. 神奇薰洗療法　　　　　　安在峰著　200元
7. 神奇耳穴療法　　　　　　安在峰著　200元
8. 神奇指針療法　　　　　　安在峰著　200元
9. 神奇藥酒療法　　　　　　安在峰著　200元
10. 神奇藥茶療法　　　　　　安在峰著　200元
11. 神奇推拿療法　　　　　　張貴荷著　200元
12. 神奇止痛療法　　　　　　漆浩著　200元
13. 神奇天然藥食物療法　　　李琳編著　200元

・常見病藥膳調養叢書・品冠編號 631

1. 脂肪肝四季飲食　　　　　蕭守貴著　200元

2.	高血壓四季飲食	秦玖剛著	200 元
3.	慢性腎炎四季飲食	魏從強著	200 元
4.	高脂血症四季飲食	薛輝著	200 元
5.	慢性胃炎四季飲食	馬秉祥著	200 元
6.	糖尿病四季飲食	王耀獻著	200 元
7.	癌症四季飲食	李忠著	200 元
8.	痛風四季飲食	魯焰主編	200 元
9.	肝炎四季飲食	王虹等著	200 元
10.	肥胖症四季飲食	李偉等著	200 元
11.	膽囊炎、膽石症四季飲食	謝春娥著	200 元

·彩色圖解保健· 品冠編號 64

1.	瘦身	主婦之友社	300 元
2.	腰痛	主婦之友社	300 元
3.	肩膀痠痛	主婦之友社	300 元
4.	腰、膝、腳的疼痛	主婦之友社	300 元
5.	壓力、精神疲勞	主婦之友社	300 元
6.	眼睛疲勞、視力減退	主婦之友社	300 元

·心 想 事 成· 品冠編號 65

1.	魔法愛情點心	結城莫拉著	120 元
2.	可愛手工飾品	結城莫拉著	120 元
3.	可愛打扮 & 髮型	結城莫拉著	120 元
4.	撲克牌算命	結城莫拉著	120 元

·熱 門 新 知· 品冠編號 67

1.	圖解基因與 DNA	（精）	中原英臣主編	230 元
2.	圖解人體的神奇	（精）	米山公啟主編	230 元
3.	圖解腦與心的構造	（精）	永田和哉主編	230 元
4.	圖解科學的神奇	（精）	鳥海光弘主編	230 元
5.	圖解數學的神奇	（精）	柳 谷 晃著	250 元
6.	圖解基因操作	（精）	海老原充主編	230 元
7.	圖解後基因組	（精）	才園哲人著	230 元
8.	再生醫療的構造與未來		才園哲人著	230 元

·武 術 特 輯· 大展編號 10

1.	陳式太極拳入門	馮志強編著	180 元
2.	武式太極拳	郝少如編著	200 元
3.	中國跆拳道實戰 100 例	岳維傳著	220 元
4.	教門長拳	蕭京凌編著	150 元
5.	跆拳道	蕭京凌編譯	180 元

・彩色圖解太極武術・ 大展編號 102

・國際武術競賽套路・ 大展編號 103

| 5. 棍術 | 殷玉柱執筆 | 220 元 |

·簡化太極拳· 大展編號 104

1. 陳式太極拳十三式	陳正雷編著	200 元
2. 楊式太極拳十三式	楊振鐸編著	200 元
3. 吳式太極拳十三式	李秉慈編著	200 元
4. 武式太極拳十三式	喬松茂編著	200 元
5. 孫式太極拳十三式	孫劍雲編著	200 元
6. 趙堡太極拳十三式	王海洲編著	200 元

·導引養生功· 大展編號 105

1. 疏筋壯骨功＋VCD	張廣德著	350 元
2. 導引保建功＋VCD	張廣德著	350 元
3. 頤身九段錦＋VCD	張廣德著	350 元

·中國當代太極拳名家名著· 大展編號 106

1. 李德印太極拳規範教程	李德印著	550 元
2. 王培生吳式太極拳詮真	王培生著	500 元
3. 喬松茂武式太極拳詮真	喬松茂著	450 元
4. 孫劍雲孫式太極拳詮真	孫劍雲著	350 元
5. 王海洲趙堡太極拳詮真	王海洲著	500 元
6. 鄭琛太極拳道詮真	鄭琛著	450 元

·古代健身功法· 大展編號 107

| 1. 練功十八法 | 蕭凌編著 | 200 元 |

·名師出高徒· 大展編號 111

1. 武術基本功與基本動作	劉玉萍編著	200 元
2. 長拳入門與精進	吳彬等著	220 元
3. 劍術刀術入門與精進	楊柏龍等著	220 元
4. 棍術、槍術入門與精進	邱丕相編著	220 元
5. 南拳入門與精進	朱瑞琪編著	220 元
6. 散手入門與精進	張山等著	220 元
7. 太極拳入門與精進	李德印編著	280 元
8. 太極推手入門與精進	田金龍編著	220 元

·實用武術技擊· 大展編號 112

| 1. 實用自衛拳法 | 溫佐惠著 | 250 元 |
| 2. 搏擊術精選 | 陳清山等著 | 220 元 |

3.	秘傳防身絕技	程崑彬著	230 元
4.	振藩截拳道入門	陳琦平著	220 元
5.	實用擒拿法	韓建中著	220 元
6.	擒拿反擒拿 88 法	韓建中著	250 元
7.	武當秘門技擊術入門篇	高翔著	250 元
8.	武當秘門技擊術絕技篇	高翔著	250 元
9.	太極拳實用技擊法	武世俊著	220 元
10.	奪凶器基本技法	韓建中著	220 元

·中國武術規定套路· 大展編號 113

1.	螳螂拳	中國武術系列	300 元
2.	劈掛拳	規定套路編寫組	300 元
3.	八極拳	國家體育總局	250 元
4.	木蘭拳	國家體育總局	230 元

·中華傳統武術· 大展編號 114

1.	中華古今兵械圖考	裴錫榮主編	280 元
2.	武當劍	陳湘陵編著	200 元
3.	梁派八卦掌（老八掌）	李子鳴遺著	220 元
4.	少林 72 藝與武當 36 功	裴錫榮主編	230 元
5.	三十六把擒拿	佐藤金兵衛主編	200 元
6.	武當太極拳與盤手 20 法	裴錫榮主編	220 元

· 少 林 功 夫 · 大展編號 115

1.	少林打擂秘訣	德虔、素法編著	300 元
2.	少林三大名拳 炮拳、大洪拳、六合拳	門惠豐等著	200 元
3.	少林三絕 氣功、點穴、擒拿	德虔編著	300 元
4.	少林怪兵器秘傳	素法等著	250 元
5.	少林護身暗器秘傳	素法等著	220 元
6.	少林金剛硬氣功	楊維編著	250 元
7.	少林棍法大全	德虔、素法編著	250 元
8.	少林看家拳	德虔、素法編著	250 元
9.	少林正宗七十二藝	德虔、素法編著	280 元
10.	少林瘋魔棍闡宗	馬德著	250 元
11.	少林正宗太祖拳法	高翔著	280 元
12.	少林拳技擊入門	劉世君編著	220 元
13.	少林十路鎮山拳	吳景川主編	300 元
14.	少林氣功祕集	釋德虔編著	220 元

· 迷蹤拳系列 · 大展編號 116

| 1. | 迷蹤拳（一）+VCD | 李玉川編著 | 350 元 |

國家圖書館出版品預行編目資料

養生太極推手╱黃康輝 李小明 編著
——初版，——臺北市，大展，2005〔民94〕
面；21公分，——（武術特輯；65）
ISBN 957-468-370-2（平裝）

1.太極拳

528.972 94001319

北京體育大學出版社授權中文繁體字版

養生太極推手

ISBN 957-468-370-2

編　　著╱黃康輝 李小明
責任編輯╱秦德斌
發 行 人╱蔡森明
出 版 者╱大展出版社有限公司
社　　址╱台北市北投區（石牌）致遠一路2段12巷1號
電　　話╱（02）28236031・28236033・28233123
傳　　眞╱（02）28272069
郵政劃撥╱01669551
網　　址╱www.dah-jaan.com.tw
E－mail╱service@dah-jaan.com.tw
登 記 證╱局版臺業字第2171號
承 印 者╱高星印刷品行
裝　　訂╱建鑫印刷裝訂有限公司
排 版 者╱弘益電腦排版有限公司
初版1刷╱2005年（民94年）4月

定　價╱280元